울림의
공백

박이문 인문학 전집

IO

울림의
공백

————

가혹한 생에서 피어난
청정한 시

미다스북스

가혹한 생과 청정한 시 ─ 박이문 시의 진경

_정과리(문학평론가, 연세대학교 국어국문학과 교수)

박이문 선생은 가장 혹독한 삶을 치러낸 세대에 속하는 한국인이다. 그들은 축복 속에서 탄생하지 못했으며 안식할 미래가 손짓하지도 않았다. 일제강점기에 청소년기를 보냈고 해방과 더불어 공부하는 청년이 되었으니, 바로 새로운 시대의 주역이 되어야 했다. 그러나 전 세대만큼 식민지 제도에 침윤되지 않았다는 점만 달랐을 뿐, 새 국가를 건설하기 위한 어떤 자원도 없는 상태였다. 한반도는 강대국의 관리하에 들어갔고 곧바로 전쟁에 휘말렸다. 휴전 후 모든 것이 폐허인 상황에서 넝마를 줍듯 희망의 조각들을 힘겹게 줍고 기웠다. 평안은 오직 찬송가 속에서만 존재할 뿐이었다. 현실은 그냥 비명 그득한 도가니였다. 그 안에서 발버둥치는 사람들에겐 시시각각이 사생결단의 순간이었다. 실존주의란 말이 유행한 소이였다는 말을 나는 스승 한 분으로부터 들은 적이 있다.

　박이문의 시는 그 구렁에서 피어났다. 아수라에서 철학을 하고 시를 쓴다는 것은 무엇을 가리키는가? 생존만이 유일한 문제였던 자리에서 삶의 근원과 향방에 눈길을 좇는 까닭은 무엇인가? 의미 없고 이유 없는 삶은 없다는 것을 몸으로 증거하는 행위라고밖에는 다른 대답이 있을 수가 없다. 인류가 지적 생명으로 진화해온 유일한 역선이 그것이었다. 시인 박이문은 그 '청룡열차'에 자발적으로 올라탔다. 그런 사람들이 있다. 남들은 먹고 살기 바빠 죽겠는데 생의 심연을 파는 사람들. 세상의 고뇌를 줄기차게 묻되 고뇌에 대한 고뇌는 애당초 접은 사람들. 생의 심연이 곧바로 생의 무지개인 사람들. 박이문은 그 부류에 속했다.

그의 시의 특이성은 그로부터 나온다. 그런데 아주 특이하게 나온다. 우선, 그에게는, 삶 따로 시 따로 있는 게 아니었다. 박이문의 시는 삶에 '대한' 언어가 아니다. 그것은 삶 그 자신의 움직임이었다. "안달하다가 지치다가" "악을 쓰다가 웃다가" "아프다가 좀 낫다가" 하는 그 삶이 바로 「윤회시輪廻詩」다. 시는 그 삶 그대로 엉키고 쥐어뜯고 울부짖고 발버둥친다. "논리는 술병처럼 깨지고 / 부상병 같은 지혜"(「뉴욕 지하철에서」)가 그 안에서 피어난다.

그런데 진정 흥미로운 것은 그 다음에 있다. 시가 삶이니 시 역시 잔혹극일 것 같은데, 난장판이어야만 할 것 같은데 그의 시는 투명하다. 그의 시는 "명상하는 변기"(「반시反詩」)다. 분명 시의 사건은 자주 격렬하고 참혹하다. 그런데 그것은 아주 청명한 겨울날의 티끌 하나 없는 풍경처럼 말끔하다. 보라,

교회당 그림자에 짙은 잔디밭

3백 년 묵은 무덤들

종잇장 같이 얇은 비석들이

문패처럼 총총히 서 있다

그 밑 뼈도 남아 있지 않을

주인들은 풀잎이 되어

꽃이 되어 봄을 맞고

벌레가 되어 기어나온다 (「케임브리지시 공동묘지」)

공동묘지다. 보통사람들의 그것들이다. 삶이 변변치 않았을 것처럼 죽음도 "종잇장 같이 얇은 비석들"로 초라하게 서 있다. 그것을 바라보는 화자의 시선은 어떤 가치판단도 내리질 않는다. 다만 거기에 저렇게 있는 모습을 묘사할 뿐이다. 그것들이 초라하다고 생각하는 것은 읽은 사람의 짐작일 뿐이다. 왜냐하면 저 무덤들에 어떤 영광의 사연도 제시되지 않았기에. 별 볼 일 없이 살다가 별 볼 일 없이 죽었다. 그런데 그 죽음이 300년이나 되도록 그대로 저기에 있다. 그런 존재를 잉여de trop로 파악하고 구토를 일으킨 것은 사르트르의 소설 『구토』의 주인공 '로캉탱'이었다. 로캉탱처럼 절실하지 않은 보통 독자, 저 무덤의 주인들처럼 슬그머니 살다가 슬그머니 죽을 보통 독자는 그 모습이 얼마간 안쓰럽다. 그러나 그건 독자의 마음일 뿐이고 화자의 시선은 무심하기만 하다. 그 무심한 시선이 계속 묘사를 이어나간다. 그 묘사 역시 무심하다. 그러나 독자가 무연히 따라가는 동안 순간적으로 아주 놀라운 생의 약동이 그 안에서 일어나고 있다는 것을 그는 깨닫는다. 저 보통 사람의 육신은 썩어 식물 속으로 흘러가고 식물들은 제 식으로 살아 꿈틀거리는 벌레들을 기를 것이다! 하찮기 짝이 없는 생들이 은근히 만물의 우주적 순환을 가동시키고 있었던 것이다. 이 열정적인 운동은 한데 열정적으로 기술하려고 하면 어려워진다. 그것은 아亞-현실 sub-reality의 영역에서 아주 천천히 진행되는 것이기 때문이다. 그걸 실감시키려면 타임-랩스 카메라나 초고속 영사 등의 기계적 조작을 동원해야 할 것이다. 하지만 시는 그런 조작 없이도 할 수 있다. 다만 풍경을 묘사하는 것만으로 불현듯 독자를 깨닫게 한다. 모든 묘사가 그럴 수는 없다. 박이문식 투명 묘사 같은 데서나 희귀하게 성치될 수 있는 것이다.

시인의 시구를 빌려 "윤곽이 없는 하얀 지혜"(「큰 눈이 내리는 길에서」)라고 명명하고 싶은 이 청정 묘사의 비밀을 과학적으로 해명하는 일은 연구자들을 고되게 할지도 모른다. 나는 전에 쓴 '해설', 「고향엘 처음 간다고?」(『아침 산책』, 민음사, 2006)에서 시인의 타향살이 경험과 시의 담백함을 연결지으려 한 적이 있다. 그도 한 동인일 것이지만 그게 전부는 아닐 것이다.

여하튼 순수한 독자로 돌아온 입장에서 보자면, 이 투명성을 음미하는 기쁨은 매우 진기하고도 희한할 것이다. 무덤덤한, 때로는 진부하기조차 한, 인생에서 문득 약동을 느끼는 경험을 맞이할 터이니 말이다. 만인의 독자들이여, 즐거이 맛보시라.

일러두기

1. 『박이문 인문학 전집』은 박이문 선생의 모든 저서 가운데 인문학적 저작을 주제별·시간대별로 분류하여 열 권으로 묶은 것이다. 『박이문 인문학 전집』은 무엇보다 선생의 뜻을 존중하여 저작 가운데 중복된 것은 제외하고 저자의 의도를 최대한 살리고자 노력하였다. 열 권의 제목과 목차도 현 세대 독자와의 교감을 고려하여 편집했지만, 최초 발표 시기 단행본의 제목과 방향을 최대한 존중하였다. 세계적인 석학이자 20세기 이후 한국 최고의 인문학자로 평가받는 박이문 선생의 『인문학 전집』에 한국어로 된 주요하고 핵심적인 인문학적 저작과 논문은 모두 수록함을 원칙으로 하였다. 이번 『인문학 전집』에서 빠진 에세이와 기행은 모아서 따로 출간될 것이며, 아울러 박이문 선생의 모든 저작을 망라한 영인본 박이문 아카이브 전집은 추후 미다스북스에서 출간 예정이다.

2. 제10권 『울림의 공백』은 박이문 선생 시 전집이다. 첫 시집인 『눈에 덮인 찰스강변』(1979)부터 마지막 시집인 『고아로 자란 코끼리의 분노』(2010)까지 발간된 순으로 실었다. 단, 『부서진 말들』의 경우 1999년 민음사에서 영어판 『Broken Words』로 출간됐지만, 2004년 독일 함부르크의 Abera Verlag 출판사에서 독어판 『Zebrochene Wörter』이 출간되고, 2010년 1월 민음사에서 다시 한국어판으로 출간되었기에 마지막 순서에 게재하였다.

3. 시 전집을 묶으면서 서문이 별도로 없는 『고아로 자란 코끼리의 분노』를 제외하고 각 권에 실린 서문을 각 부 끝에 게재하여 출간시 박이문 선생의 의도를 아는 데 도움이 되도록 하였다.

4. 이 책에 실린 글들은 모두 원래 발간된 원고를 기준으로 했지만, 원문의 오식과 오자들은 바로잡고, 표기법과 맞춤법은 지금의 것을 기준으로 새로 교정·교열하였다. 출간 당시의 시대적 차이와 출판사별 기준의 차이도 있기 때문에 전집으로 정리하면서 새로운 기준을 정해서 이에 맞추어 새로이 고쳤다.

『박이문 인문학 전집』 간행·편집위원회

1부
—
눈에 덮인 찰스강변

눈

눈을 뜨면
유리창 저쪽
눈 내리는 소리

누군가가 남기고 가는
발자국 하나 둘
지우는 함박눈이 내리는데

눈 닮아 투명한
어릴 적 발자국
눈 덮인 논두렁

고향을 뿌려오는 이역의 눈
나의 눈은 지금 눈처럼 맑고
눈 속에 파묻히는 보스턴의 아침

눈에 파묻힌 성당

사방

들과 숲과 마을은

눈 속에 깊이 파묻히고

혼자

솟아 서 있는 흰 공간

황금빛 눈부신 성당의 화살

뉴잉글랜드의 정월

저물어가는

해

쟁반 같은

한여름 맨해튼의 자화상

맨해튼의 두터운 그늘
뜨거운 여름
무거운 나의 그림자
나는 그림자
차이나타운
삐뚤어진 긴 전주에
걸친
노란 그림자

메타포

하늘과 창문 사이
그리고
눈과 마음 사이
찢어진 아침

언어와 존재 사이
그리고
책과 사실 사이
흩어지는 진리들

홑치마와 살 사이
그리고 고통과 향수 사이
주저하는 길

눈에 덮인 들

눈이 닿는 곳마다
눈에 파묻혔다

크나큰
시가 써지길 기다리는
한 장의 흰 원고지

무슨 시를 쓰랴
바람과 해와
바다와 별과

시를 쓰리
언어 아닌 구름으로

빈 깡통

자세히 보면

플라스틱 산

꽃도 플라스틱제

말라붙은 개천도

말라붙은 붕어들의 뼈도

확대경 같은 해

선풍기 같은 바람

자갈밭 녹슨 깡통

플라스틱 사랑

흘러가는 시간

뒹구는 깡통 소리

중단된 시

말할 수 있는 것은 말했고
말할 수 없는 것은 말 못했고
글로 쓸 수 있는 것은 글로 썼고
글로 쓸 수 없는 것은 글로 못 썼고
알 수 있는 것은 다 알 수 있고
알 수 없는 것은 알 수 없고
이룰 수 있는 것은 이룰 수 있고
이룰 수 없는 것은 이루어지지 않고
충족될 것은 다 충족되고
충족되지 않는 것은 충족될 수 없고
죽은 사람은 죽고 죽지 않은 사람은 살아 있고
살다 말다가
알다 말다가
사랑하다 말다가
시를 쓰다 말다가
어물어물하다가
끝도 밑도 없이
좋아하다가
슬퍼하다가
알쏭달쏭하다가

찰스강변

눈에 덮인 강
눈에 파묻힌 거리
드문드문 까만 지붕
앙상한 나뭇가지
하늘은 큰 거울
렌즈같이 투명한 햇빛

눈싸움하는 어른들
스키를 끌고 가는 아이들
눈 속에 뒹구는 강아지
찰카닥하는 셔터 소리
넘어지는 할머니
입 맞추는 애인들

크리스마스 카드 같은 풍경
눈에 덮인 찰스강
숫처녀의 유혹 같은
투명한 환희
찰스강변 케임브리지
누가 싫어하랴 숫처녀를

마음의 언덕

찢어진 깃대
마음이 바람에 흔들린다

이마를 덮는 흰 머리카락
텅 빈 가슴은 저녁에 우는가

바람은 구름이 지나가듯
어둠처럼 흘러가고

돌아보는 눈알엔
반짝하는 별 하나

큰 눈이 내리는 길에서

이틀째 쌓이는 함박눈에
찰스강변은 무릎까지 파묻히고
다시 저물어가는 낯선 겨울

헤아릴 수 없는 눈송이들의 지저귐에
아무도 없는 눈길을 거닐면
다시 눈에 파묻히는 나의 발자국

쏟아지는 눈송이에 따사한 어깨
강변을 따라 가로수들
자꾸 눈길에 끌려가는 마음

걸음마다 눈앞엔 아물대는 옛 얼굴들
꼬리를 물고 오는 어려운 질문들
지나가는 대답들은 눈처럼 녹고

흰 저녁 찬 눈길에서
불꽃처럼 타는 나의 가슴
윤곽이 없는 하얀 지혜여

어둠이 다가오는 이역의 눈길에

이마에 녹는 눈송이의 감각

고요해지는 하얀 공간

뉴욕 지하철에서

모두 낯선 사람들
낯선 낯선 낯선 사람의 물결
초조한 지하철 계단에 밀려
나도 끼어 따라간다
무더운 땅 속을 뚫고 가는 뉴욕

니코틴에 노란 생각이
더듬거리는 사람은
사뭇 끝없이 뻗은 정크야드
논리는 술병처럼 깨지고
부상병 같은 지혜

욕망은 탁류와 같이 격동해도
우리들의 육체는 날아가는 먼지
우리들의 사랑은 지나가는 바람
우리들의 희망은 증발하는 안개
우리들의 슬픔은 흘러가는 구름

여길 왜 왔던가
어디로 가자는가

그치지 않는 의문의 지하철에 오르면

흔들리는 창문에 비치는 것

늘어난 나의 흰 머리카락

반시(反詩)

알카셀처의 파란 포장
흰 알약이 남은 아스피린 병
낡은 칫솔 둘
쓰다 남은 비누 조각

휴지 통 속 코카콜라 깡통
코 묻은 종잇조각
깨어진 휴지
찢어진 눈물

변기에 앉은
사랑, 진리, 지혜, 고민
죽음과 슬픔과 그리고 꿈
명상하는 변기

나비의 꿈

나비는 나의 꿈
별들을 기다리는 하늘
문을 열면
어두운 바람이 불고
외국어같이 수선한 함박눈
들어도 알 수 없는 눈 소리

뻗은 길을 달리는 마음
달려도 뛰어도 떨어지지 않는
발길 쓰러지는 마음
낯선 유리창 안의 낯선
나의 그림자
그리고 또 낯선 나의 그림자

찾아올 사람도 없는 밤
아무도 없는 외국 공항 대합실
바람을 기다리는가
죽음을 기다리는가
뻗어도 또 뻗어도 깨어나지 않는
나는 나비의 꿈

윤회시(輪廻詩)

먹고 소화하고 자고
먹고 소화하고 자고

바시락거리다가 쉬다가
바시락거리다가 쉬다가

안달하다가 지치다가
안달하다가 지치다가

악을 쓰다가 웃다가
악을 쓰다가 웃다가

아프다가 좀 낫다가
아프다가 좀 낫다가

사랑하며 번식하다가
사랑하며 번식하다가

먹고 자고 늙고
먹고 자고 늙고

눈감아 먼지가 되어
눈감아 먼지가 되어

우리들의 탄생은 우연
우리들의 탄생은 우연

우리들의 죽음은 우연
우리들의 죽음은 우연

인과가 우연이 되고
인과가 우연이 되고

비를 맞아 싹이 되고
비를 맞아 싹이 되고

바람이 불면 바람에 날려
바람이 불면 바람에 날려

눈이 쌓이면 파묻혀서
눈이 쌓이면 파묻혀서

그러다가 이러다가
그러다가 이러다가

왔다가 갔다가
왔다가 갔다가

땅과 해는 돌고
땅과 해는 돌고

우리들도 돌다가
우리들도 돌다가

길

꼬부랑길
쭉 뻗은 길
길 또 길
길

가기 위해서 길이 있지 않다
길이 있으니까 가야 한다

꼬부랑길
자갈길
진흙길
길

담

시골담
싸리담

기대고 싶다
밑에 쉬고 싶다

담은 꿈을 꾼다
숨고 싶다
사랑하고 싶다

흙담 밑에서

좌선(座禪)

눈을 잠깐 뜨면
나는 그림자가 되어 있고
눈을 또 감으면
보이는 것은
보이지 않는 것뿐이다

눈을 더 감고 있으면
박살난 부처님의 돌조각
눈을 또 떠보면
들리는 것은
귀를 깨는 목탁소리뿐이다

생각을 끝내 쫓아가면
생각은 산산이 사라지고
생각을 그치면
생각되는 것은
그저 생각하는 생각뿐이다

참고 쭈그려 앉아 있으면
다리는 저리고

그래도 견디어 보면
무릎을 쑤시는 아픔뿐이다

눈을 떴다가 감다가
생각을 찾다가 쫓다가 쫓기다가
오직 확실한 것은
고요한 혼돈뿐이다

눈을 감다가 말다가
눈을 떴다가 말다가
생각하다가 말다가
방구석에서 혼자
내가 앉아 있을 뿐이다

내 고향 새마을

메뚜기가 없어졌다
우렁이도 씨가 없다
낚시터도 없어졌다
고추잠자리도 날지 않는다
종달새도 뜨지 않고
황새도 오지 않는다
빨가벗고 붕어 잡던 냇물
트럭이 다니는 길이 됐다

내가 나서 자란 옛집은 거의 무너지고
뒷동산 팽나무가 늙어 쓰러졌다
전선대가 서서일까
슬레이트 지붕이 생겨서일까
고향은 삭막해서 고향이 아니다
고향엔 옛 기억이 없어진다
마음의 보금자리가 아니다
내 고향도 새마을이 되었다

확대되는 풍경

바다 밑에는
죽은 물고기들이 썩어
기름이 뜨고
아라비아의 하늘에 뜬
부옇게 먼지 낀 달

사막에는 녹슨
부서진 탱크와 코카콜라의 빈 깡통
비닐 종이에 싸인
자그마한 사랑의 글씨가
뿌옇게 흐려져 있다

소나무들은 산에서
빨갛게 말라 죽고
번져가는 논과 밭에선
풍부한 쌀과 보리가
녹이 슬어 쓸모없이 됐다

밤낮으로 늘어가는 소음 속에서
아침에도 마시면 병든 공기

그늘도 없는 지붕은 땡볕에 끓고
논바닥에 말라 죽는 붕어들
발전하는 땅 진보하는 세대

제인

제인은 열아홉 살
그 아이의 얼굴에는 두 개의 작은 구슬
내 어릴 때 굴리던 파란 구슬
제인의 유리 구슬은 무엇을 볼까
살짝 만져보면
깜짝하는 유리 구슬 파란 눈
나는 다시 유리 구슬을 쳐다볼 뿐
조금 떨어져서

제인은 열아홉 살
그 아이의 머리는 긴 금발
어릴 때 즐기던 크레용 색깔
저 머리카락은 크레용이 아닐까
살짝 흔들어보면
나부끼는 색깔
나는 다시 제인의 머릴 볼 뿐
살짝 떨어져서

제인은 열아홉 살
그 아이가 나와 마주앉아

그 아이가 나와 얘기한다
그 아이가 살짝 웃는다
그 아이의 치마가 짧다
그 아이는 진짜일까
살짝 그 아이를 꼬집어본다
살짝 떨어져서

눈 오는 날

눈 오는 날
모든 것들은 평화롭다
눈 속에 비쳐지는
빨가벗은 마음

눈 오는 날 함박눈이 쌓이는 날
영혼의 꽃이 핀다
먼지와 진흙 뚫고
혼자 영혼이 된다

눈 오는 날
혼자 귀가 맑아져서
고요한 소릴 듣는다
아득한 곳 깊은 소리를

눈 오는 날 함박눈이 쌓이는 날
환히 또렷해지는
아물거리고 흐리던
우주의 크나큰 윤곽이

오직 이것들만이

채워지지 않는 욕망이
부르다 만 노래가
기다리는 여인이
풀리지 않는 분노가
새벽 같은 애기의 웃음이
겨울밤 뜨거운 사랑이
아무렇게 날아온 한 장의 엽서가
따뜻한 악수가
수줍은 키스가
그리고 또—
이것들이
아니 이런 것들만이
의미는 이것들만이 전부다

눈이 쌓이는 겨울
해가 뜨는 아침이
아기가 탄생하는 아픔의 밤이
친구를 찾아가는 날이
여인을 기다리는 시간이
일하고 집으로 돌아가는 때가

달을 바라보는 저녁이
시를 쓴 새벽이
죽음과 싸우는 시간이
그리고 또—
이것들이
아니 이런 것들만이
영원이란 이것들만이 전부다

고독한 지구와
구름과 바다와 산들과
손바닥만 한 내 집과
이쁘지 않은 아내
못난 자식들과
모아둔 책들과
아껴둔 사진첩과
피다만 담배꽁초와
꿈틀거리는 이 육체와
그리고 또—
이것들이
아니 이것들만이
존재하는 것은 이것들만이 전부다

불이 꺼지지 않는 아파트

건너편 아파트로 어느 여인이 강아지를 끌고 들어간 후로는 저녁이 짙어갈 뿐, 누가 또 지나간다 해도 보이지 않게 깜깜하다. 커튼을 올려도 보이는 것은 달처럼 몽롱한 겨울의 가로등뿐이다.

오직 들리는 것은 책상 위를 달리는 탁상시계의 급하고 또렷한 바늘소리뿐이다. 혼자 사는 방 안에는 책상 위 전기 스탠드만이 의식처럼 밝을 뿐이다.

삼백만 보스턴 시가 사막처럼 잠들었고 오직 내 그림자만이 크게 짙고 고독은 마치 기도처럼 승화한다.

산새를 쫓던 생각

마을
산골 마을
초가집들은
눈에 푹 파묻혀 있었다

들과 뒷동산들은
우주가 시작되기 전처럼 조용했다
멀리서 한떼 산새들이
모이를 찾아 하늘에 선을 긋고 있었다

나는 강아지를 데리고
산새를 쫓았다, 눈 속에 쓰러지면서
눈에 황홀한 채.

그때 안방에선
어머니 아버지가 그 화롯불에
구운 밤을 놓고 기다리고 계셨다

그것은 죽음이 아니다

그것은 죽음이 아니다
우리들을 슬프게 하는 것은
우리들을 통곡케 하는 것은
우리들의 육체를 찢어 놓는 것은
그것은 죽음이 아니다

우리들의 가장 크나큰 무서움은
우리들을 절망에 몰아넣는 것은
육체의 죽음이 아니다
그것은 우리를 둘러싸고 있는
침묵이다, 우주의 침묵이다

고향을 찾아가서

1

기와집은 헐고
이젠 낯선 사람들이 살고 있었다
그네를 매고 놀던 팽나무가 쓰러져서
뿌리뿐
옛날 꼬마 동무들이 꼬마 아들들을 데리고
땅을 판다 뜨거운 햇빛 밑에서
변하지 않은 것은 가난뿐
성묘를 마치고 뒷동산 언덕에서
하늘을 보면
옛과 다름없는 흰 구름

2

스물 몇 해 떠났다 찾아온 옛
나의 고향에서
더욱 창백한 나의 두 손이여
옛 동무들은 여기
뿌리를 박고
묵은 나무들처럼

창백한 손이 느끼는

투박한 손의 든든함이여

어느 맥주홀에서

훑치마 밑
포동한 살결에
살짝 미열이 핀다

늘씬한 허릴 잡아
시원한 맥주에 입을 적시면
빈 맥주병같이 허전한 밤이여

여자의 가슴은 더 뜨거울 수 없을까
맥주의 정精은 내 몸을 더 태울 수 없을까
이 밤은 병처럼 빛날 수 없을까

부채질하는 손을

부채질하는
메마른 손
어머님의 손을 잡아보면

쭈글쭈글한 이맛살
흰 머리가 덮고
눈 오는 밤같이 따사한 눈

어느 시골 밤

해가 지더니 풀밭 속에서 산골 마을은 개똥벌레처럼 등불을 단다.

초가집의 등불들은 개똥벌레 빛에 섞이고 개똥벌레 빛들은 별들과 섞인다.

별똥이 흐르는 하늘 밑 마을은 귀뚜라미 소리에 섞여 잠이 든다.

나는 초조히 신작로에 나와 마지막 버스를 기다리면서 자꾸 뒤돌아 떠나갈 시골을 보곤 한다, 마치 마지막이듯이.

내 손이 당신의……

내 손이 당신의 손을 쓰다듬게 하십시오
내 손가락이 당신의 머리카락 빗게 하십시오
내 입술로 당신의 입술을 젖게 하십시오
내 두 손이 당신의 가슴 위에 얹히게 하십시오

당신의 옷고름을 풀어 드리지요
당신의 치마를 벗겨 드릴게요
당신의 숨소리를 듣게 하십시오
당신의 애기가 되게 하십시오

말을 안 해도 좋겠어요
선물을 사지 않아도 좋겠어요
칭찬을 받지 않아도 상관없어요
우리 그냥 함께 있으면야

내 마음 당신의 눈동자 속에 쉬게 하세요
내 몸이 당신의 화신이 되게 하세요
당신의 귀를 쓰다듬어 드리지요
당신의 발가락을 만져 드리지요

어딘가로 자꾸 갈까요

어디론가라도 떠날까요

당신과 함께라면야

당신이 내 곁에 있다면야

고향을 찾아가서

이젠 다 찌그러진 기와집
옛날 이웃 사람들이 들어 산다
어머니가 벗겨주시던 참외 먹으며
시원했던 대청에 걸터앉아도
남은 것은 오직 지나간 기억뿐

그때 그네를 매고 놀던
팽나무 썩어 쓰러지고
그때 동무들은
구리색으로 탄 피부로 밭에서 일한다

이젠 돼지 어매도 죽고
오쟁이 할멈도 죽고
민영 애비도 자살하고
복돌이 어매는 서방 얻어 가고

옛날 동네길에 나서면
아이들이 쳐다본다 손님처럼
이름도 모르는 아이들이
처음 보는 아이들이

언어들 사이에서

두 개의 언어 사이에
낀
존재
가
있을까

산과 들
바람과 곡식
사랑과 슬픔
죽음과 삶이 있을까
언어 밖에서

언어들
바깥에선
무한한 밤뿐
거기 혹시
의식이 숨을 쉬는가

시작(詩作)

한 시간 동안
하루 동안
한 주일 동안
나는
빈 종이를 바라보고 있었다

빈 종이의 공간을 메꾸려
나는 펜을 든다
땀을 빼며
살을 깎으면서
아무것도 아닌 것을
쓴다
종이를 메꾼다
어떤 말이
시가 되는지 생각해본다
어째서 이게 시일까

아직은 싸늘한 정원

아직도
그늘에는 눈이 남아 있는데
검은 자갈과 흙 깨고
흰 싹이 두 개
보랏빛 싹이 세 개

아직도 싸늘한 사월의 정원
어느새 봄
눈송이보다 고운
봄
살아남은 땅

봄의 기적

검고 썩은 흙을 제치고
촛불 같은 새싹이 하나
살아 있는 것이라곤
없는 것 같았던 땅 속에서

아니 잎이 아니다
꽃이
보랏빛 꽃이
환히 솟는 삶의 기적

보랏빛 신비여
꽃의 환희여
죽음보다도 더 조용한
삶의 깊이

생각은……

생각을 쫓다 보면 그것은
우주보다도 넓어서
가도 끝이 없을 것 같다

생각을 파다 보면 그것은
바다보다 깊어서
내려가도 바닥이 없을 것 같다

생각에 갇혀 생각에
빠져 허위적하면
생각은 언제나 제자리에 있다

생각은 아마 껍데기
생각은 아마 그림자
생각은 아마 땅바닥

보이지 않는 것

보이지 않는 것은
역시 보이지 않는다

밤은 깊다
살아도 알아도
서투른 곳

이 밤의 마지막 등불
끄고 침대로 간다
쉬려고 잠이 들면
보일까
보이지 않는 것은

밤낮 시작뿐

다시 시작
밤낮 시작뿐이다

그래서
죽어도
끝은 아니다

나도 죽으려니
끝이 없이

그냥
이렇다

따라가도

따라가도 또 따라가도
아는 사람은 아니다

돌아봐도 뒤돌아봐도
날 부르는 목소리는 아니다

상처

비슷한 사람이 겨냥한 총알이
병사의 가슴에 녹슬어
모두가 돌아간 언덕에는
눈물이 내린다

독한 술잔에 기운
도시의 지붕
바람에 너펄거리는 철조망
철조망 같은 상처
그 자국마다
어느 보초의 칼끝 같은
노여움이 내린다

하늘이 찢기면
꽃보다 고운 별이 들 것인가
아직껏
피 엉킨 상처는
어두운 하늘을 노려
포구砲口처럼 열린
가슴에도

지금

눈물 같은 비가 내린다

나의 그림자

전화가 울린 지도 오래도
아무한테나 전화를 해보려도
아프리카와 같은 깊은 밤인데
삭막한 이국의 도시는
잠이 들고

환한 것은 좁은
내 아파트 방안뿐
들리는 것은
내 그림자 속에서
하나의 혼이 눈을 뜨는 소리뿐

나는 지금
소년의 손이 놓친 연처럼
끝없는 하늘에 떠서
고향을 멀리

나는
우주와
혼자다

설경

벌써 발목까지 파묻혀도
아직 눈은 계속 내리고
뉴잉글랜드의 고속도로에
깊은 어둠이 퍼진다

마지막 차들이 지나간 지도 오랜데
아직 저쪽 길 복판에서
붉은빛 폭스바겐 한 대가
낙오병처럼 멈춰 있다

차 밖으로 두 사람이 나왔다
하나는 여자인 듯
그들은 가지 않는 차를
사방 둘러 만져본다

여자 같은 이가 다시
차 안으로 들어가고
남은 한 사람이 힘껏
차를 한참 민다

얼마 후 발동이 걸린 듯

나머지 하나도 차 안으로 들어간다

낙오병 같은 폭스바겐이

마지막으로 눈 속에 사라진다

청교도들이 골라 놓은 바윗돌 옆에서

버몬트주 숲속은
나란히 쌓아 모은 바윗돌로 지도와 같다
삼백 년 전 청교도들이
밭을 만들려고 골라 놓은 돌들로

청교도들은 모두 없는데
숲은 짙어졌고
거기 이끼 낀 바윗돌만이 나란히
사람도 없는 나무 밑에서

가던 길을 돌아 차를 멈춘다
나란히 선 바윗돌의 손짓을 따라
바윗돌과 나란히 앉아 귀 기울이면
알록져 익어가는 가을

저물어가는 이역의 오후
나 혼자서 혼자가 아니다
낯선 땅 내 집은 없어도
나는 슬프지 않다

비 오는 거리에서

물어볼까
걸음을 멈추고 물어볼까
길은 어디냐고 물어볼까

갈래갈래 길은 많아도
갈 길은 없고
어두워지는 거리

기다릴까
어둠에 기대어 기다릴까
햇빛 같은 얼굴을 기다릴까

우글우글 사람들은 끓어도
얼굴은 없고
비 내리는 골목

가는 곳마다
길은 막히고
기다림 끝엔 죽음만이

그래도 우린 길을 간다

그래도 우리는 기다린다

아직 우리 살아 있기에

차돌 같은 고독 속에

이르는 곳마다 꺾인 논리
어둠에 덮인 지평선
메아리 없던 부름이여
헤매는 마음엔 고향이 없었다

뒤져 어둠 속에 남은 것은
오직 차돌 같은 고독뿐
헌데 오직 거기 영혼의 그늘
거기 영혼이 쉰다

슬픔 속에서도
죽음 앞일지라도
고독의 평화여
환희의 천당은 없어도

생각 속엔 고향이 없다
하늘에도 고향이 없다
오직 고독 속에 영원이 있다
오직 고독 속에 고향이 있다

어느 산장에서

치자나무
향기
확
퍼지는 서창산西倉山 중턱
등잔이 불을 단다
묵은 초가집

밭두렁 따라
그녀와 내가
흙내 섞여 쇠똥내
칠월달 남도南道
개천물에
얼룩지는 귀뚜라미소리

감나무는 돌담에 얹혔는데
감나무 위에 얹힌 반쪽달
달처럼
비치는 그녀의 마음
치자나무 향기처럼
훈훈히 풍기는 산장

『눈에 덮인 찰스강변』 초판 서문

시랍시고 활자화해서 처음 발표했던 것이 중학 2년 때였으니 내가 시작 생활을 시작한 지도 벌써 30년이 훨씬 넘는다. 지금은 전혀 생각을 달리하고 있지만, 감상적 소년시절과 극히 염세적이고 시니컬한 사춘기에는 나는 죽음과 시를 바꿔도 아쉽지 않다고 확신하고 있었다.

되지도 않는 시를 쓴답시고 머리를 싸매고 앉아 보낸 시간과 정력과 고충을 합쳐 다른 일에 바쳤더라면 나는 크게 출세를 할 수 있었을 것이고 부자가 되었을는지도 모른다. 그럼에도 불구하고 나는 아직도 시인이 못 되고, 나는 아직도 그렇게 많이 쏟아져나오는 시집 하나를 내지 못하고 있다. 그러다가 여기 갑자기 시집이라는 것을 내놓게 되니 그것은 처녀시집이되 노처녀시집이 되겠으며, 그래서 나는 이제 자살을 하지 않고도 지낼 수 있게 되었다.

그동안 신문, 잡지에 발표했던 많지 않은 작품들은 뿔뿔이 흩어지고 소홀해서 어디로 간지를 알 수 없다. 파리와 미국에서 학생생활을 하고 있던 몇 년 동안 시험이네, 논문이네 하는 바람에 아무리 애써봐야 시를 쓸 수 있는 정서적 상태를 지탱할 수도 없었고, 정신적 여유도 갖지 못했다. 그러다가 몇 년 전부터 나는 다시 시작에 틈틈이 시간을 썼다. 여기에 모은 것은 이미 발표됐던 것들 가운데서 요행히 다시 찾을 수 있었던 것들 속에서 다소 애착이 남아 있는 작품들과, 미발표된 근래의 작품들 가운데서 골라 모은 것들이다.

아무리 잘 살아도, 아무리 오래 살아도 부족한 것처럼 아무리 작품을 많이 써도 결코 만족할 수도 없고 다 쓸 수도 없다. 그래서 사람들은 여전히 생존에 집착하고 시인들은 계속 시를 쓴다. 아무리 잘 살아도 정말 살았다는 체험을 하지 못하기 때문이며, 아무리 좋은 작품을 썼다고 느껴도 사실은 정말 좋은 작품을 쓰지 못했다는 의식 때문일 것이다. 모든 시 작품은 결국 습작에 불과하다.

값싼 감상(感傷)의 비바람에 삭아버리지 않고 오랜 시간을 두고도 부서지지 않는 차돌같이 단단한 언어의 대리석 조각을 창조하고 싶었다. 그러나 결과는 만지면 부서지는 허술하고 서투른 값싼 석고상만을 얻기 마련인가 싶다. 여기 모은 시들은 그러한 석고상의 깨어진 부스러기가 되는 셈이다.

말라르메처럼 단 하나만의 '시'를 꿈꾸면서 나는 오늘날까지 여러 가지 언어의 실험을 꾀해봤다. 지나치게 감상적인 것이 있는가 하면, 서정적인 시를 꾀해보기도 하고, 현대 회화와 조각 혹은 음악의 모험을 거울 삼아 이른바 모험적인 시, 또는 반시적(反詩的)인 시를 시도해보기도 했다. 그러나 나는 아직도 오로지 시의 겉만 헛돌고 있는 기분에 사로잡혀 있을 뿐이다.

나의 언어는 아직도 시 훈련의 영역을 넘어서지 못하고 있다는 생각이다. 이제부터 나는 죽이 되든 밥이 되든 좀더 대담해지리라.

노처녀, 게다가 못나고 보잘것없는 노처녀가 시집을 가는 심정인데, 그나마의 행복도 김현 형의 중매가 없었더라면 영영 맛보지 못했을 것이다. 이렇게 처녀 신세를 면해서 잘 살게 될지는 모르지만 어쨌든 노처녀의 괴로운 심정을 생각해준 김 형의 호의에 감사할 뿐이다.

1978년 9월 미국 케임브리지에서

2부
—
나비의 꿈

내 꿈속의 나비는

내 꿈속의 나비는
꿈
나비 속의 꿈에서
나를 보고
나는 나비 속의 그림자
나비의
꿈속의 나의
그림자

껍데기
나는 그늘 속의
그늘
껍데기
꿈으로 만들어진
현실
현실이 껍데기
속의
꿈의
꿈

X레이

X레이
텔레비전
책 속에 갇힌 의미
의
그림의
떡

꿈속에 만난
여인의 치맛자락

뻗은 손
짧은 팔
잡히지 않는 치맛자락
뛰어가도 걸리지 않는
깨지 않는 꿈

사진 속
생각
생각에 갇힌 꿈
떡 속의 그림

흩어진 하늘

갈 곳이 없는 생각들이
문이 닫힌 마음 속에서
기다리는
애달픔

받을 사람 없는
사랑의 꽃잎들은
어두운 가슴 속에
불타 시들고

피지도 않는
고독한 낱말들은
이역 하늘의
밤에 흩어져 있는
별들

소리 없이 날아가는

혁명이 난 날
거리에 몰린 군중처럼
와글대는 생각들이
노란 담배꽁초의 밤에
연기가 되어
흩어지고

쓰러진 시체들
깨어진 머리통은
요란한 생각의 저녁 도시에
붉게 물들어
말없이

피는 향불
주검을 달래면서
황혼이 짙은
끝없이 깊은 거울에
X레이처럼 비치고
아우성도
누워 있는 시체도

기쁨도

내가 쓰는 시의 낱말도

소리 없이 날아가는 그림자

소외

푸른 주말
파란 잔디
알록진 사람들
찰스강변

바라보는 마음
바라보기만 하는
흰 그림자
멀리 떨어져서
그들을 바라보기만
하는 마음의
회색빛 주말

바람

기쁨의 기억은 기쁘지 않다
슬픔의 노래도 슬프지 않다
감각이 죽은
기억은 냄새도 없다
기억은 보이지 않고
감촉이 없어

아버지를 묻고
어머니를 묻고
아픔을 묻고
즐거움도 묻고
시간의 먼지 속에
누군가가 날
묻어주리니
때가 오면

잡히는 것은
황혼과 같이 흩어지는
기억뿐
바람뿐

손가락 사이로 빠져나가는

형체 없는

잡히지 않는 것은

바람뿐

바람은

바람이나

만남과 헤어짐

마음이 만나
사랑으로 여무는
환희

마음이 깨져
미움으로 부서지는
아픔
기쁨은 필연
슬픔은 우연
우연은 필연
필연은 우연

가시지 않는
사랑의 상처에
피가 맺고

신비로운 아픔이여
그림자 같은
현실이여

윤회(輪廻)

뜰을 덮은
눈 속에서
보라색 꽃이 솟더니
벌써 시들고
무성한 녹음에
덮인 뜰
벌써 나뭇잎이
하나둘 떨어지고
여름이 가면
가을 가을이 오는가
그리고 돌아오겠지
눈이 쌓이는
겨울이
다시 봄이 될 때까지

업(業)

나비는 누에가 되어
버러지가 되어
그래서 나비는 바람 같은 환상

내가 닭다리를 먹어
닭다리를 먹은 내가 흙이 되어
흙이 된 내가 풀이 되어

사랑의 상처에서 솟아나는
고통이 기억이 되어
기억이 된 고통의 언어가 되어

나의 검은 머리카락이 흰색이 되고
희어진 머리카락이 재가 되어
무덤 속에서 거름이 되려니

아픔과 기쁨이 목걸이처럼 이어진
쳇바퀴 같다면
아픔은 기쁨이 될 수 있으려니

하늘도 바람으로 찼다가
구름으로 덮였다가 그리고
비로 젖었다가 갰다가

빈 편지통

오늘도 편지통은
비어 있다

세 번째 열어봐도
빈 편지통

또 한 번
열어본다

날개를 접고

날개를 접고
에서
긴다
바닥을

하늘이 맑고
행복하니까
내
밤은 길고
어디선가
사방에서
흐느껴
우니까
귀뚜라미처럼
뻐꾸기처럼

구렁이에 물린

구렁이에 물린
큰 개구리의
툭 튀어나온
두꺼비 눈의 눈물

왕거미는
거미줄에 걸린
똥파릴 물고
조용히 저무는 강변

바꿀 수 없는 시간을 따라
바람에 날리듯
대상도 없이 괴로운 마음
또 누군가의 숨이 끊어지는 노을

허(虛)

밤하늘
별도 없는 태평양
무한한 공간에
떠서
흔들리는 비행기의

날개
무엇이 허전한 듯
찢어진 다리를
연결할 수 없을까
시간과 시간의 마디처럼

삶과 죽음 사이
순간과 영원 사이
밤의 공간에 떠 있는
흔들림

마음은
생각은
태양 아닌

별을 향해
날아 올라가면
불에 타는 촛대처럼 녹아
떨어지는
이카로스의 날개

흔들리지 않는 것
고요한 것 그리고
깊은 것은
밤하늘의
무한히 흩어진 공간뿐

그림자

사물들은 예를 들어
책상
그 위에 놓인 책, 연필
그 속의 글자들

창밖의 플라타너스나무
거리를 혼자 산책하는
여인과
강아지와
사물들은

눈
나의 의식 속
테두리 철창에
갇혀 있어
마치 죄수들처럼
자유롭지 않은
죄인들인 양

나의 생각은

사물들 속의
뚜렷한 윤곽에
갇혀 있어

마치 호흡이 막힌
심장처럼
숨 막히는
호흡처럼
사람들은

그림자인 나의
나는
그늘 속
사물들에 묶여서

악몽

절벽으로
손톱에 피가 나도록 모래를 잡고
절벽으로 기어올라간다

사뭇 무너지는 모래산
절벽을
뱀이 우굴대는데
지렁이가
꾸물거리며
뒤에 몰려 있고
절벽을 향하여 그저
아슬아슬하게 매달려
올라가면

미끄러지고 밑바닥
아득히 내려다보이는 바다
빠지면 그만일 절벽 바다
잠을 깨려 발을 굴러도
눈이 뜨여지지 않고
모래밭

절벽에 매달려서
잠은 의식을 막고

그놈들이
한 발자국 두 발자국
따발총 들고 따라오는데
생쥐처럼 기어들어갈
마루 밑에
숨어지지 않고
잠이 깨어지지 않고
돌아서면 절벽
앞에도
절벽

한번 떨어지면
목숨이 끊어질
절벽에 매달려
잠은 아무래도 깨어나지
않고
진땀이 흘러
숨이 막히고
목숨이 당장
끊어질 듯하다가

탈출

아름다운 것은
모두
밖에서만 빛난다

감각은 노래를 부르는데
행복하면
행복해지지 않는
창 속의 마음

잠을 깨면
깨어나지 않는 잠에서
눈만 뜨면
햇빛이 나련만

허우적대면
의미의 무한히 겹친
거미줄 속에
얽혀
해탈의
문은 스스로 닫히고

스스로의 철창을

떠나지 못해서

문은 항상 열려 있는데

깨어진 조각들

구름에 찢어진 하늘
나뭇가지에 뿌려진
별들

구름과 나무와 별들이
서로 갈라져
조화가 깨져서
빛이 나고
있는 것도
하늘을 덮은
무한한 두개의 허虛
속에

떠서
매달려 있는
조각난 부스러기
가령
버러지 나무 산 사람 언어
먹다 남은
김치그릇

빛나는 것은
무한히 작고
무한히 많고
쓸데없이
쓸 데 있는
부서진 다이아몬드의
부서진 조각들

질서가 없어
빛나는 별들처럼

아무 할 말이 없기에

생각을 생각해서
말을 하려고
말을 만들어서
생각하려고

아무 할 말이 없기에
아무 생각이 없기에
생각을 생각하고
말을 말하고
생각하고 말하고
말하고 생각하고

아무 생각이 없으니까
아무 할 말이 없으니까

말을 생각하고
생각을 말하고
생각을 만들어서
말을 하려고

아무것도 말하지 않기에
아무것도 생각하지 않기에

살아 있으니까
죽지 못하니까
허전하니까
답답하니까

그리고 외로워서

메아리

바람과
가슴에 울리는
아픔도
형체 없는 어느

크나큰 존재의
메아리라서
사라지는 그리고
잊혀질 것인

우리들의 기쁨과
우리들의 결단과
그리고 그 귀중한
우리들의 자유도

보이지 않는 어느
크나큰 실체의
메아리라서
그림자만 같은

그림자가 그림자를
잡고 싸우다가
메아리가 메아리에

울려 부산하다가
형체도 없는
보이지 않는 그리고

알 수도 없는
어느 크나큰
원리에 갇혀

갈랫길

돌아갈 수 있는 길과
찾아갈 수 있는 길과
떠나는 길과
오는 길이 만나서
갈랫길
거기 서서
그냥 서서
떠나지지 않는
갈래갈래

찢어진 마음의 두 다리는
그냥 서서 있다가
쉬지도 못한 채

어정거리기만 하다가
발기발기
찢어진 날개
퍼덕이는 날개

마음의

떠나지 못하고

주춤하는

발걸음

뿌리 없이

매달린 하늘엔
대들보도 없이
높기만 한 날
떠 있는
구름

땅을 디디면
뿌리가 박히지 않는
모래밭
혹은 자갈들

탄생과 죽음의
두 약속의 우연의 양극에 떠서
끊어진 두 개의 극에 끼어

찢어진 거미줄에
매달려 흔들리는 거미
바람 부는 저녁때처럼
공중에 떠서
흔들리면서

바람에 떨려서
기쁠 수도 없이
내용 없는 약속을
기다리듯

여기에도 저기에도
사라지는 죽음에도
시작에도 끝에도
뿌리가 없어
뿌리가 박히지 않은 채

타향

고향도 타향
타향은 타향
평화도 불화

나무집 같은 삶
죽음도 나무집
어디도 머물 곳 없이

사랑도 타향
사랑하면서 사랑할 수
없는 사랑의 뜨거운 허전함

행복에 목마른
행복에의 욕망도
즐겁지 않는
살아 있는 행복

권태

두 번째가 되면
뜨거운 책 속 낱말들의
의미도
투명한 모래알
말 없는 하품

뜨거운 오후의 시간은
큰 하품을 하고
벽에 걸린
추상화
날개가 시들어

자유는 갈 데가 없이
방 안에 누워 있고
노랗게 찌든
기쁨 속에

고달픈 영원
두 번째 생각하면
찬란한 영광의

환희도

불지 않는 바람

그림자 없는 기지개

낱말들의 눈송이가 내리고

이루어지지 않는 생각이
가루가 되어
낱말들의 눈송이 내리고
다듬어도 짜봐도
흩어지고 부서지는 마음
이루어지지 않는 사랑이
눈물이 되어
사랑의 비가 내리고
찾아도 잡아도
손안에 녹는
뜻

거울에 비친 그림자

거울에 비친 것은 내가 아니다
사물 같은
눈 둘, 코 하나, 콧구멍 둘, 입 하나

그것 하나
꿈틀거리는 살
털 없는 동물원 원숭이
거울 속 나의 그림자
소리를 질러 불러보는 이름
흉내 내는 그림자
원숭이같이
나의 그림자
거울에 갇힌
이상한 동물

어느 날의 자화상

눈 내리는 밤중
큰불 난 집
소방대도 없는 마을
무너지는 벽돌조각들
눈 속에 타는 잿더미 속
우뚝 선 타다 남은 나무
봄이 오면 싹이 다시 틀까
그을린 나무통에서
함박눈만 사뭇 오네

눈에 젖는 상처

상처에 눈송이가 앉네
피에 물든
첫눈처럼
뜨겁다가 탄
사랑의 피 묻은
상처

빨간 상처가
눈물에 쓰리고
눈이 녹아도 가시지 않고
사랑의 상처
삶의 상처

시간이 씻어주랴
이 상처의 아픈 눈물을
세월이 잊혀주랴
이 아픔의 기억을
깨어진 사랑의
눈물에 젖는 상처
살아가는

네 젊음을 어떻게 보냈지?

어떻게 보냈느냐고
내 젊음을

먹고 자고 누고
먹고 자고 싸고 지냈지

뭘 했느냐고
내가 젊었을 때

꿈꾸고 악몽 꾸고
꿈 쫓고 악몽 쫓다 지냈지

어땠었느냐고
내 젊음이

재미있으면 있고 없으면 없고
그냥 지냈지 그저 지냈지

조개

조개의 빨간
유혹에 바다의
물이 꼬리를 치면서
노래하는
바닷가
모래밭

뜨거운 햇빛에
엿가락처럼 녹는
시계 하나

시간이 머물고
속삭대는
조개들의
저녁 웃음소리

수줍고 뜨거운
조개의 감각에
해가 갈수록
붉어지는 저녁

부드러운

바닷바람에 탄

조개의

붉은 유혹

감각

피부는
나무 그늘 밑
바람에 즐겁고
의식은

깨어진 유리조각 같지만
높은 단풍나무 밑에
혼자지만
눈은
구름을 보고
산을 쓰다듬고
그리고 보고
본다
투명한 창

있다
살아 있다
내 의식이
살아 있다
어딘가 뿌리를 박고

단풍나무가

살아 있듯이

땅에 뿌릴 박고

푸르게 살아 있듯이

삶 속에

뿌릴 박고

깊진 않지만

사랑 삼곡(三曲)

사랑이 남기는
것은
삶의
가시지 않는
상처

그러나 아파하지 않으리
우리들의 몸은 먼지니까

사랑은 언제고
곧
사라지는
구름 같은
사연

그러나 슬퍼하지 않으리
우리들의 숨결은 바람이니까

사랑은 아쉬워
사그라지는

떠나는

삶

그러나 울리지 않으리
우리들의 마음은 환상이니까

외딴 불

별들이 함뿍
붙어 있는 창문을 연다
잠이 들지 않는
한밤중

건넛집
아파트

오직 하나만의 창문
아직 불이 밝다
외따로

거기 누군가의
마음도
잠을 이루지 못하나
별들처럼
혼자서

주말 드라이브

푸른 산과 들 사이로
곧장 뻗은
고속도로는
희고 긴
여인의 다리
늘씬한 유혹

차를 달린다
갈 곳은 없지만
길이 뻗었으니까
길이 있으니까
길은
유혹이니까
이유 없는 여인의
긴 다리는
기쁨이니까

파리를 때려잡고 나서

잘못한 것 없이
손으로 발로 발발
비는데
에라 하고 책장으로
파리를 뭉갰다

너무도 무더운 밤
잔인한 마음
더위처럼

박살난 샴페인 술잔처럼

사랑의 샴페인
가득 넘치는
크리스탈 샴페인잔

서툰 손에서
시멘트 바닥에 떨어져
박살이 나면

반짝하며 흩어진
유리조각들
확 퍼진 향기

가슴에 얼룩진
사랑의
상처

학(鶴)

—어머님은 내가 생겼을 때 학의 태몽을 꾸셨다고 말씀하셨다

눈에 덮인 들

학 한 마리

혼자

황혼에 서 있다

한 다리만으로

모딜리아니의 여인같이

긴 목

한 곳을 바라보고

하얀 귀족

눈 속에 환한

촛불 같은

고독

사월은 이름 없는 화가

파란 잎
노란색
노란 빛깔
흰 색

누군가
눈 위에 뿌렸다
알록진 물감

사월의
검은 나뭇가지
끝마다
연한 초록색

누가 밤 사이
페인트를 칠했나
따사한 아침 햇빛

사월은
이름 없는 화가

푸른 주말

털털거리는 낡은 폭스바겐
똥차를 몰고
주말 드라이브
혼자서라도
혼자니까

뉴잉글랜드의 짙은
산길
짙은 들길
생각은 슬프다 해도
논리는 아프다 해도
그냥 살아 있는 환희
그냥 느끼는 기쁨

푸른
들길
뉴잉글랜드를 달리는
푸른 감각
즐거운 피부

객지

코카콜라를 마셔도
시원하지 않다

영어를 지껄여도
똑똑해지지 않는다

행복하다고
행복하질 않다

밤이 깊고 깊어지는
그림자만 짙고 길어지는

시간이 짧아지는
마음이 헤매는

자유로운 자유가
꼭 자유롭진 않다

혼자만의 시간
혼자만의 고독

혼자만의 방

혼자만의 드라이브

편지를 쓴다

편지를 기다린다

찰스강변의 점경(點景)

푸른

강

둑의 잔디에

누군가

혼자

누워

풀잎을 뜯으면서

바라보는

강물은

흐르고

시간은 흐르고

뜻 없이

말없이

해가 지고

강물 작은 물결

타고

흐르는

마음

강 속 물고기를 바라보면서

강물 속
찰스강 물 속
청어떼들이 몰려
비늘같이 이는 잔물결

나는 혼자
고기들의 기쁨을
나누며
플라타너스나무 그늘 밑
청어들의
비늘처럼
이는
반짝이는 감각을
느낀다

한여름
찰스강변의
저녁 그림자
물고기들의

정

사랑하는 이와
정말 좋아하는 이와
사랑해주는 이와
정말 사랑해주는 이와
정말 사랑할 수 있다면
해골로 바뀌도록 사랑할 수 있다면
단 한번이라도
사랑할 수 있다면

나무뿌리가 땅속에 얽히듯
팔과 다리를 얽고
사랑할 수 있다면
불과 같이 단
한순간이라도 탈 수 있다면

어쩌리 당장 하늘이 무너진들
어쩌리 방금 땅이 꺼진다 해도
어쩌리 당장 지옥으로 떨어진들
어쩌리 우리 함께 죽은들

절정에 올라

단 한번이라도 절정에 오른다면

사랑하는 이와

사랑해주는 이와 함께

혼자 푸른

외딴

나무

바람에 흔들리고

외로운 여인이여

외로운 여인이여
외롭다고 느끼는 여인이여
외로운 사람이 또 있으니
당신의 외로움은 외롭지 않다

슬픈 여인이여
슬프다고 생각하는 여인이여
슬픈 딴 사람이 있으니
당신의 슬픔은 슬프지 않다

외로워서 갈 데가 없는 여인이여
눈 내리는 밤
당신의 외로움을 나누리니
당신 설사 미인이 아니라도

눈물이 많은 여인이여
비 오는 날 밤
당신의 슬픔은 비를 씻어주리
당신이 설사 밉다 해도

불경(不敬)한 아이들

꼬마들이 나란히
다리를 들고
오줌을 갈긴다
성모 마리아 상에

순수하니까

내 마음에 내리는 눈송이

눈, 눈, 눈,
큰 눈송이
흰 눈송이
함박 눈송이
하늘을 나는 가득한
흰 새

눈이 내린다
내리다가 주춤하는
눈, 눈, 큰 눈송이
땅에 떨어지기 전
땅이 검어서
내 가슴에
눈,
큰, 누군가의
큰 눈알 같은 흰 눈들이
그러다가 그냥 앉는다

흰 눈
착하니까

땅도 희고

내 마음도 희어진다

겉만이라도

잠깐 동안이나마

아버지의 무덤 앞에서

당신은 재담도 많으셨지만
그렇게도 사는 걱정 많으시더니
당신은 지금
말씀 없이 누워계십니다
삼백 년 살아왔다는
고향 산 언덕 떼를 덮으시고
말씀 없이 누워계십니다

이제 그 많던 걱정도 잊은 듯이
당신은 별 말씀 없으십니다
팔월 땡볕을 쓰며
당신을 찾아 여기 당신의
무덤 앞에 무릎을 꿇고
앉아 있습니다
당신의 막내 또 돌아다니는
아들이 앉아 있습니다

당신과 말하는 대신
당신의 무덤 위 잡초를 뜯으면서
당신을

당신의 걱정을

당신의 생각을 생각하고 있습니다

무덤 앞에 앉아 있습니다

잡풀만 뜯으면서

살아 있기에

당신의 무덤 여기서

하늘이 곱고

흰 구름이 떠 있고

고향의 하늘 위에

바람과 같이 지나가면서

마음의 상처에서 흐르는 피가
혼의 거름이 될 수 있다면
찢어지는 가슴이 아픔을 견디리니
꽃이 되어
향기로 될 수 있다면

꽃이 곱되 시들어지고
향기가 황홀하되 사그라지고
남는 것은 상처와
그리고 아픔과
꽃을 그리는 마음
향기를 마시자는 바램뿐

해가 지고 밤이 오면서
밤이 가고 낮이 오면서
낮과 밤의 사잇길을
바람과 같이 지나가면서
상처에서 흐르는 피의 뜨거운 바램

바람처럼 풍부한

바람의 바램

바램의 바람

꽃 같은

향기 같은

죽음이 우리를 기다리다가

찢어진 깃대

사뭇 비바람 치는 하늘에

형체도 없이 흘러간

젊음과

젊은 꿈의

찢어진 깃대가

아직 견딘다

아주 닳아 없어질 때까지

견디려는 듯

날개처럼 퍼덕이면서

혼자서

비바람 치는 삶의

하늘에

찢어지고 또 찢어져도

비바람 치는 하늘에 퍼덕이는

깃대는

푸른 그리움

날려도 또 날려도

더욱 높이 날으려는

꿈

살아 있기에
죽음과 싸우면서
바람이 될 때까지

찢어져도 또 찢어져도
비바람에 날리는
찢어지는 깃대 소리
젊은 노래와 같은

하늘이 맑고

하늘이 맑고
강물이 맑은 것은
그것들의 있음에
아무 이유가 없기 때문이다

이유를 찾는 있음은
앎과 같아서
우리들의 삶은
푸른 나무와 같지 않다

이유가 없는
삶은 푸르고
의미가 없어
꽃은 향기롭다

열반

석조불상
돌인데
살아서
코 귀
깨어진 손

소라 같은 부처의
귀는
바다의 너그러운
미소를 듣고

깨진 코
잘라진 귀
깨진 가슴
돌인데
부처는 웃네

선시(禪詩)

1
산은 산이고
강물은 강물이고
거기 세워놓은 흰 자동차는 자동차
저기서 강물가에 서 있는 사람은
사람이고
그것들은 또
'산', '강물', '자동차', '서 있는 사람'이다
이 낱말들 속에서
사물들은 사물이 되고
경치가 되고 질서를 갖는다
그 질서, 즉 언어 속에 갇힌
사물들은
언어로부터 해방되고자 애쓰다가
그럴수록
그것들은 다시 언어 속에
의식 속에
갇혀 들어간다

2
산은 강물과 자동차가 바라보는 사람이
은 가 가는 이 산 강 사람 자동차
사람 산 자동차 강 이 는 을 서
산은 흐르고 강은 높은 자동차는 않고
사람은 푸르고

3
산은 산이 아니고
강물은 강물이 아니고
언어의 그물이 찢어지고
의식의 거울이 박살나고
슬픔은 슬픔이 아니고
죽음은 죽음이 아니고
슬픔은 기쁨으로
죽음은 삶으로
사물들이 해방되면
모든 것은 확실한 안정을 찾고
어둠 속에서
마치 맑은 하늘이
무의미해서 아름답듯

4

언어의 두터운 속에 싸여

윤곽이 없는 육체는 부드럽지 않고

의식의 거울에 비쳐

존재는 그림자로 남는다

언어에 응고되어

투명해지면서 화석 같은

어두운 침묵 속에서

밝고

5

산은 흙이고 흙은 화학성분이고

화학성분은 별과 같이 차고

물은 수많은 분자들의

형체를 잃은 모임

삶과 죽음은 서로 다르다

삶과 죽음은 서로 다르다
삶은 삶
죽음은 죽음

죽음과 삶의 구별은 없어
죽음은 삶인가
삶은 죽음인가

죽음과 삶은 서로 같다
삶은 죽음
죽음은 삶

삶과 죽음은 서로 다르다
죽음은 죽음
삶은 삶

무의미의 의미

하늘은 뜻이
없어
맑고

산들은 말이
없어
푸르고

꽃들은 생각이
없어
곱고

그냥 맑고
그냥 푸르고
그냥 곱고

사람들은 생각이
있어
어둡고

생각은

있어

부산하고

사랑에 의미가

있어

괴롭고

우리들의 천당은

카네이션 화분에 물을 주자
시들지 않도록
시들어버린다 해도
언젠가 시들어 죽을 테니까

꽃을 보내노니
숨을 걷기 전에
꽃을 몰라본다 해도
꽃은 헛되게만 아름답다
꽃은 소용없이 아름다우니까

우리들의 육체는 먼지
우리들의 삶은 꿈
우리들의 사랑은 환상
우리들의 행복은 바람

그래서
우리들의 실체는 이 먼지뿐
우리들의 꽃은 사랑뿐
우리들의 영원은 이 바람뿐

우리들의 천당은 여기뿐

고통과 슬픔에 가득 찬
여기, 지금뿐
지금 느끼는
이 느낌뿐
쓰고 단

삶과 죽음의 틈바퀴에서

살려 하면서
죽고 싶단다
죽고 싶으면서
살려 한다

죽음과 삶
삶과 죽음
사이에
끼어
흔들리는
시간은
흘러가고

죽으려고
산다
살려고
죽는다

생각하다가
먹다가

울다가
웃다가
잔다

잠이 깰 때까지
잠이 들 때까지

창문으로 본다

본다
커튼을 올려
창, 유리창으로
본다

흰 교회당 화살
거기 찢어진 하늘
뜰 앞
바람에 흔들리는
앙상한 나뭇가지

그것들은 모두
네모난 창문에
갇혀 있다

본다
창문을 열어
내 두 눈의
창문으로
본다 눈을 감고

존재하는 것들은

내 보이지 않는 마음의 문에

보이고

사물과 의식이 서로

창문에서

만났다간

다시 갈라져

보이지 않는다

존재하는 것들은

생각은 무수한 파편

낱말들이 부닥쳐
별똥이 되어
반짝이다
어두운
마음의 하늘

생각의 무수한 별들이
가슴에 박혀
온 몸에 반짝이는
의미는
알 수 없지만

부상병같이
고독한 풀숲에
누워
손을 흔들면
잡히는 것은
빛나는 침묵
고요한 하나

보스턴의 한 교외에서

비가 와서 더
푸른 숲길
우뚝 솟은 소나무 밭
그 밑을 걷는다

새도 울지 않는
혼자만의 길
혼자서 어슬렁대면
흰 운동화

소리 없는 발걸음마다
흐뭇한 황혼이
푸른 시간
그리고 더 높아지는 나무들

이끼 낀 바위에 앉아
담배를 물고
잠시 흔들리지 않는 마음
높은 소나무처럼

외로운 긍지

한여름 대낮은
뜨거운 해보다도 더
뜨거운 마음이 탄다
낮이 없지만
혼자 타는 마음의 해

한여름의 드높은
소나무보다도 더
푸르고 조용한 마음이
높이 서 있다 혼자서
푸른 긍지를 갖고

빛과 그늘

구름 한 점 없이 높은
하늘
장마만 내리는 깊은
마음

한여름
숲은 뜨겁게 푸른데
한가슴에 짙은
푸른 그림자

소나무 송(頌)

소나무는
높고 곧은 소나무는
푸르기만 하네
혼자 한 곳에만 있으면서도
외롭다 울지 않고
푸르기만 하네

소나무는
백 년이 넘은 높은 소나무는
싱싱하기만 하네
나이가 들어도
꾸부러지지 않고
싱싱하기만 하네

소나무는
외솔길 숲속 소나무는
의젓하기만 하네
이유도 없이
뜻도 묻지 않고
그저 의젓하기만 하네

하늘은 말없이

하늘은 말없이
파랗기만 하네
뜻이 없다 묻지 않고
울지도 않네

비라도 오지

나무들은 소리 없이
푸르기만 하네

말 없어도
움직이지 않네

새라도 울지

사람들은 짝지어
지나가기만 하네
모르는 척하고 갈 곳을 몰라도
소리라도 지르지

원리

병신은 병신이고
추한 것은 추하다
병신은 성하지 않고
추한 것은 아름답지 않다

아픔은 아픔이다
아픔이 아닐 수 없고
죽음은 죽음이다
삶이 아니다

하나님은
개자식
그러나
하나님은 빌며
잘못을 깨달을까

마늘

껍데기를 벗기면
또 껍데기
그 껍데기에 덮인
또 하나의 껍데기
마늘은 껍데기
껍데기들은
마늘
입맛을 돋우는
하나의 별다른 존재
껍데기처럼 하루를 벗기고 나면
또 하나의 하루는 껍데기
하나의 희망을 벗기고 나면
또 하나의 희망은
또 하나의 하루
다시 껍데기 하루에 쌓인
삶은 마늘 껍데기

잠시나마

겨울밤
혼자서 고독이 찢어지는 소리
창밖
함박눈이 쌓이는 소리

눈을 감으면
말 없는 슬픔이 꽃으로 피고
당장 하늘이 무너져도
떨리지 않을
가라앉는 고요

잠시나마
눈을 다시 뜰 때까지

기도하는 마음과 같이

깨지면 깨진 대로

깨어져도 또 깨어져도
수정조각을 모아오는
두 손의 아픔

깨지면 깨진 대로
죽게 되면 그런 대로 맞아보는
마음의 기쁨

조각들은 합치면 그릇이 되고
그릇을 갈라보면 조각이 되고
전체는 보기에 따라
여러 조각들이요
하나의 그릇이요

깨지면 깨진 대로
안 그러면 그런 대로

생각 끝에

생각이 많아
생각하다 또
생각하다
생각을 하니
생각이 없다

남은 것은
오직 보이는 것
뿐

그 보이는
시시한 것들 속에서
우러나는
편안해지는
느낌뿐이다

아무것도 아니기에

아무것도 아니기에
바람은 나뭇잎을 흔들어보고
아무것도 아니기에
꽃들은 향기를 핀다

아무것도 아니기에
우리들은 몇 편의 시를 남기고
아무것도 아니기에
젊은이들은 사랑에 빠진다

시간은 우리들을
죽음의 막다른 골목으로 몰고 있지만
푸르니까
향기로우니까
사랑하니까
죽음은 아무것도 아니다
살아가는 고통은 뜨거운 불이라서

누군가 지팡이를 짚고

누군가
지팡이를 짚고
혼자 걸어간다
찰스강변
플라타너스 그늘 밑으로

노을이 퍼진다

한겨울을 버티는 나무

단 하나의 잎도 남아 있지
않아 죽은 것 같은 나무
X레이에 비친 가슴 같은
비아프라의 고아들의 가슴뼈 같은
큰 나무 하나
뜰 안에서 우뚝
바람에 흔들린다
마치 큰 고통에
몸부림치듯

나무 꼭대기 가지엔
새 한 마리 흔들리면서
그러나 나뭇가지는 아직
꺾이지 않았다
흔들리면서도
새는 퍽 흔들리면서도
아직 떨어지지 않고 견딘다
구름이 하늘을 덮고
바람은 온 마을을 흔들어 대도
큰 강물이 얼어붙어도

봄이 올 때까지
견디며
떨어지지 않고
새는
흔들리는 가는
나뭇가지에 매달려

두 개의 별똥

별똥이 하늘을 찢는다
또 하나의 별똥이 하늘을 쪼갠다
서로 부딪힐 듯
부딪히지 않고
땅에 따로
떨어지는 두 개의 별똥

별들이 총총한
가을밤 하늘
수수밭 위를
엇갈리는 개똥벌레들처럼

서로 찾고 더듬으면서
그냥 엇갈려
삶의 밤하늘
상처로 가슴에 남는
숱한 마음의 별똥들

그리고 오늘 밤
나와 너의 마음도

검은 돌이 되어

떨어진

두 개의 별똥들

푸른 공간

산과 들의
푸른 나뭇잎들이
속삭인다
바람 얘기를 하듯

뜨거운 뙤약볕 쪼이면서
산길을 걸으면
푸른 어릴 적 공간
산딸기가
빨갛다

해가 져도
다시 내려가고 싶지 않은
노래하는 산길
올라가고만 싶은
푸른 길
산새들의 얘길
들으면서

잔디밭의 빈 의자

잔디밭
큰 참나무 밑
흰 의자
두 개만

할머니들도
보이지 않고
나무 그늘 밑
푸른 잔디
걷어치우지 않은
호스 줄

어떤 크리스마스 이브

밤이 내리네
눈이 내리네

아무도 안 오네
함박눈만 내리네

그래도……

그래도
바람이려니
먼지려니

꿈이란다

꿈속의 꿈
깨어나지 않는 개꿈
존재가
그래도
악을 쓰려니
사랑하리니

살고프단다

깨어나지 않는 나비의 꿈

전차바퀴에 뭉개진 흰 날개
포성에 흔들리는 실 같은 안테나
고단한 꿈들의 잠에 곁들인
깨어나지 않는 나비의
꿈

꿈의 눈송이가 날린다
동짓달 얼어붙는 밤의
가난한 화롯가에
타다 남은 잿불의
깨어진 생각의 조각들처럼

『나비의 꿈』초판 서문

시인이 되고자 한대서 시인이 되지 않으며, 시를 쓴다고 해서 시가 써지진 않는다. 그러면서도 나는 시의 세계에서 해방될 수 없었고 시적 표현을 모색하지 않을 수 없는 내적 욕망을 극복할 수 없었다. 이러한 정신적 필요성은 지난 몇 해 더욱 강렬했던 것으로 기억한다. 여기에 모은 작품들은 위와 같은 상황에서 이루어진 것들이다. 최근 서울에서 쓴 몇 편을 제외하고는 모두 1979년 초에서 1980년 봄 사이에 미국, 나의 고독했던 케임브리지의 거실에서 씌어졌다. 이 가운데 「낱말들의 눈송이가 내리고」, 「창문으로 본다」, 「학」, 「거울에 비친 그림자」는《문예중앙》1979년 가을호에, 그리고 「한겨울을 버티는 나무」, 「두 개의 별똥」, 「사랑 삼곡(三曲)」, 「내 마음에 내리는 눈송이」, 「외딴 불」은《세계의 문학》1979년 여름호에 발표된 바 있다. 그밖의 것들은 여기서 처음 활자화된다.

이 작품들 속에서 나는 발가벗은 나 자신을 들여다보고자 했으며, 나 자신의 가장 깊은 밑바닥까지 쏟아냈다. 어느 방법으로도 찾을 수 없고 표현할 수 없는 진실을 드러내어 언어로서 조형화해보려 시도했을 뿐이다.

여기서 나는 내가 도달할 수 있었던 하나의 세계에 접했던 것 같고, 내가 이룩할 수 있는 하나의 시적 언어의 시도를 끝냈다는 느낌이다. 나는 그것들을 다시 되풀이할 수는 없게 되었다. 이제 내가 계속 시를 쓴다면 다른 세계를 찾아야 할 것이고, 색다른 언어를 발명해야 할 길만이 남아 있다고 믿는다.

여기서 나는 시인이 아닌 사람의 시업(詩業)을 내는 고충을 무릅쓰고 출판을 맡아주신 한만년 사장님께 깊은 사의를 표하고자 한다.

1981년 5월 비원 담 밑 집에서

3부

—

보이지 않는 것의 그림자

삶의 문법

문법이 틀린 삶의
의미
뒤얽힌 논리의
시간
죽음과 삶의 국경 없는
공간
읽히지 않는 것을
읽으려 한다

마음의 공간

마음의 흰 공간
함박눈 같은 낱말들을
날려본다
낯설기만 한 삶의 고향
눈 위에 찍힌 누군가의
발자국 하나
그 의미를 읽어본다

겨울

어젯밤 소리도 없이
소복이 눈이 쌓였다
뜰 안 메마른 나뭇가지

흰 첫눈
어느덧 겨울이
또 오고
메마른 시간의 나뭇가지
위
잿빛 하늘

무명묘(無名墓)

나의 무덤은 문패도 없다
나는 버러지의 살이 되고
잡초들의 색깔이 되고
들꽃의 향기가 된다

나의 무덤은 흙이 되고
나의 무덤은 무가 되고
나의 무덤 속에서
하루살이 벌레들이 노래를 한다
벌레들 울음소리

보이지 않는 것의 그림자

소리 없는
무엇
의미의 강물이
희게 흐르고

환히 밝은 어둠
밝은 밤
존재의 바람이
부르는 묵은 이야기

보이지 않는
것
깨어진 그림자만이
아물아물 흔들리고
알 수 없는 묵은 뜻

보이는 것의
의미

비석

비석은
주소 없는 문패

하늘 지붕 밑
흙 이불 덮고
버러지와 더불어

그 집 주소는
숫자 없는 우주

뼈가 흙이 되면
비석도 모래 되어
없어지는 것과 남는 것
다 같은 하나뿐

눈과 귀

산은 산이고
강은 강이고
보이는 산은 보이지 않고
들리는 강은 들리지 않고

보이는 것은 그림자뿐
들리는 것은 메아리뿐
보이지 않는 눈으로
산 넘어 보이지 않는 것을 보고
들리지 않는 귀로
강물 속 들리지 않는 것을 듣고

산은 산이 아니고
강은 강이 아니고
성당이 보이는 마을
종소리 들리는 시골
어딘가 무한히 먼 곳에서
어딘가 한없이 깊은 곳에서
보이는 것
들리는 소리

다람쥐가 있는 풍경

붉은 벽돌집
빈 정원 잔디밭

어느 여인이 혼자
앉았다 간
나무 벤치 하나

한 잎 또 한 잎
잔디밭에 떨어지는
크레용 같은 낙엽

해묵은 오크나무통
뒤에 숨은 다람쥐 한 마리

사방 눈칠 보는 눈알들
발딱 세운 두 발 안에
상수리 알 굴리면서

비가 한 번 지나간
오후의 높은 하늘

잠 이루지 못하는 등불

눈이 쌓이는 밤
새벽까지
잠들지 못하는 하나의
등불

별보다 고운 누군가의
창문 안
무한히 깊은 마음

진달래꽃

소나기 맞고 땅에
떨어진 연분홍
진흙 묻은 꽃잎
진달래 꽃잎

꽃이 졌어도
허무하지 않다
한 번은 폈던 연분홍
진달래

자살한 시인들을 위하여

― 휠덜린, 트라클, 첼란

알 수 없는 다른 그 무엇을 보았기에
휠덜린은 정신병원에서 들어갔던가
튀빙겐의 아름다운 숲에서 헤매다가 갔는가
암호 같은 그의 시는 무엇을 얘기하는가

보이지 않는 빛나는 다른 무엇을 보았기에
트라클은 시를 쓰다 말고 목숨을 끊었던가
잘츠부르크의 교외 시골에서 혼자 말을 하다가
스물 일곱의 짧은 그의 삶은 메시지는 무엇일까

얼만큼 삶의 상처가 아팠기에
첼란은 명성의 갈채 속에서 센 강에 몸을 던졌던가
파리 귀족의 아내와 자식을 남기고 갔던가
루마니아, 아우슈비츠 강제수용소, 비엔나의 방황의 의미는 무
엇인가

낙엽

가랑비 개인
오후
강변 산책길
내 가슴에 가랑잎이
떨어진다
젖은 신발에 밟히는
낙엽들이
지나간 봄의 기억을 더듬는다
막 지나간 여름얘기를
수군거린다

행복할 수 없는 조건

기차가 누비는 유럽의 마을들
그림엽서보다 곱다
기차에 실려 읽어보는 신문기사들
지옥보다 괴롭다

에티오피아의 사막에서 기어이 죽어간다
아이들의 철창 같은 뼈
분노의 폭탄을 터트리다 죽는 게릴라
목숨을 걸고 데모에 나선 학생들

나는 행복할 수 있어도 행복할 수 없다
그림엽서같이 즐거운 유럽의
관광객 속에서 나는 행복에의 권리가 없다

떠 있는 존재

내가 떠 있고
세상이 떠 있고
지구가 떠 있고
태양계가 떠 있고
하늘이 떠 있고
별들이 떠 있고
우주가 떠 있고
영원이 떠 있고
시간과 공간이 떠 있고
마음만은 가라앉을 수 있을까
존재가 떠 있는데

고요한 공백

무릎까지 눈이 쌓이고
무한한 사방
끝없이 깊은
고요한 공백의 지평
벌레들은 땅속에
동면하겠지만
산새들은 어디서
눈을 맞고 있나
숲속으로 사라진
산짐승의 발자국 하나

삶과 죽음

난 지금 살아서 무엇을 하는 건지

난 죽으면 무엇을 하지

난 지금 살아서 무엇인가

난 죽어서 무엇이 될 것인가

죽음은 바로 가까이 있지만

그러나 죽음은 무엇일까

지금 살아 있지만

그러나 삶은 무엇일까

꿈이면서 생시

생시면서 꿈 같은

죽으면 송장

버러지의 밥이 되고

버러지들은 흙이 되고

흙에서 꽃씨가 자라

꽃을 피우고

꽃이 지면 화학물질이 되고

바람이 되고

향기가 되고

살아서 죽음을 생각하고

살아서 죽음을 기다린다

별하늘

이름은 알 수 없어도
아득한 곳으로부터의 신호인 듯
밤하늘에 뿌려진 별들의 의민
어디서 찾을 것인가
그것들은 무슨 이야기일까

이름은 저마다 갖고 있지만
밤마다 고독한 방
마음의 하늘을 방황하는
헤아릴 수 없이 많은 도시의 영혼들은
잃은 고향을 생각한다

눈길

낮선 숲
소리 없이 쏟아지는 함박눈
그것은 무엇인가를 전하는
아득한 태고
깊은 우주의
수없는 비밀이 담은 이야기
나는 낯선 땅
들길 복판에 서 있고
어느 날 저녁

누군가 한 사람 지나간
발자국이
산언덕 숲속 길로 나 있다
이 길을 따라가면 마을이 있을까
이 길을 쫓아가면 누굴 만날까
주춤해 보는
눈길의 흩어진 눈길
날은 어두워 오는데
나는 어디서 왔던가
나는 어디로 가는가

갈래 길

서로 다시 만나지 못할

갈래 길에

밤은 오고

눈이 쌓이고

갈 길은 먼데

이정표는 없고

혼자 주춤하는 발길

먼 언덕 밑 낯선 마을의

반짝이는 창문들

그러나 선택의

등불은 없다

잠들지 않는 밤

잠들지 않는 밤
무덤 깊은 곳에서 우는
벌레 소리를 듣는다

잠들지 않는 밤
유리창에 종알대는 별들의
숨은 그림자를 본다

그림자

잡히는 것은 거품뿐
거품을 잡다 씻고
쫓아가면 그림자뿐
쫓아가다가 머뭇한다

떼어도 떼어도 떨어지지 않는 거품
따라가도 따라가도 잡히지 않는 그림자

잡히지 않을 것을 잡으려
두 손을 뻗치고
쫓아간다
그림자를 잡으려고
따라가는 그림자

목탁소리

어느 순수한 공간
귀 기울이면
목탁소리

언어 밖에서
고요로 가득 찬
정적의 의미

서울 복판에서도
삶의 고통 속
그리고 죽음 앞에서도

가난한 혼이 쉬는
마음의 고향
목탁소리

비 오는 거리에서

물어볼까
걸음을 멈추고 물어볼까
길은 어디냐고 물어볼까

갈래갈래 길은 많아도
갈 길은 없고
어두워지는 거리

기다릴까
어둠에 기대여 기다릴까
햇빛 같은 얼굴을 기다릴까

우글우글 사람들은 끓어도
얼굴은 없고
비 내리는 골목

가는 곳마다
길은 막히고
기다림 끝엔 죽음만이

그래도 우린 길을 간다

그래도 우린 기다린다

아직 우린 살아 있다

고독의 고향

이르는 곳마다 꺾인 논리
어둠에 덮인 지평선
메아리 없는 부름이여
헤매는 마음엔 고향이 없었다

뒤져 어둠 속에 남는 것은
오직 차돌 같은 고독뿐
오직 마음의 그늘
거기 영혼이 쉰다

슬픔 속에서도
죽음 앞에서라도
고독의 평화여
환희여 천당은 없어도

생각 속엔 고향이 없다
하늘에도 고향은 없다
오직 고독 속에 영원이 있다
오직 고요 속에 고향이 있다

크나큰 하나

눈에 보이는
사물들의 껍데기
그 밑 겹겹이
깊은 존재들이
보인다.
눈을 감을 때만
깊은 마음의 거울
속에

무수한 모습의
무수한 실체
언어 이전에
살아 있는
순수하고
풍요한

죽음과
흙과
침묵과 어둠
넘어

우리들의 얇은
껍데기
우리들의 삶은
헛것

죽음 다음
또 하나의 삶이
또 하나의 삶 다음
또 하나의 주검이

말이 없어 의미가 깊고
소리 없이 깊은
살아 있는 모든 것
모든 것은 살아 있어
크나큰
하나
있음과 없음도
함께

동(動)

꽃잎 속
가는 힘줄 사이로
이슬이 흐르면
아침이 돌아가는 움직임

파란 핏줄 속
의식의 냇물을 타고
삶이 뛴다
마치 싱싱한 붕어 같은

꽃과 의식은
땅과 달로 이어지고
달은 해와
카르마業같이 돌아가는 존재

꽃잎과 여인의 마음이
산과 바다가
나와 별들이
맴도는 강강술래

정(靜)

별들이 서로 회전하는
바람에
촛불처럼 흔들리는
마음 지금

귀뚜라미 울음은
지구를 흔들고
거기 잠든 꿈들이
깨어나는 소리가

투명한 고요 속
귀를 기울이면
심장처럼 뛰는
영혼의 맥박소리

시간과 영원이 합치는
허무와 충만함이 결합하는
한밤중
어디선가 떨어지는 물방울소리

율(律)

─1973년 5월 26일 707기 비행기 안에서

태평양 한복판
높은 밤이 나뭇잎을 흔든다
거대한 무쇠상자 707기
찬란한 별들을

밤을 깨는 폭음에
지구처럼 흔들린다
기내의 고요한 불
손님들의 잠든 꿈들이

끝없는 바다와 하늘 사이
우주와 인간이 어울려
죽음과 삶이
한가락 호흡한다

어느 매장(埋葬)

뚜껑이 열린 관 속에 누운 그의
새 옷은 깔끔했고
그의 얼굴은 한없이 평화로웠다

묘지에 파 놓은 새 무덤자리가
포근해 보였다
그 속에 새 옷 입은 채로 그를
내려놓고 흙이 덮였다
삽으로 흙을 덮었다

그는 이제 땅 속에서 흙을 덮고
조상군들은 집으로 돌아왔다
조상군들은 각기 자기 집으로
각기 자기 방으로 들어가 누웠을 것이다

그가 묻힌 곳은 우리들 마을의 땅
그렇지만 그가 있는 세계는
이미 이곳이 아니다
이미 이 땅이 아니다
그는 전혀 딴 세계

그가 매장된 곳은

이 세계에 속하지 않는다

이 세계와 저 세계의

관계는 무엇인가

그는 이제 혼자 묘지에 누워 있다

라인강의 명상

높고 장엄한 산들 사이로 깊은 라인강이
꼬불꼬불 유럽의 복판을 흐른다
강을 따라 산꼭대기
또 산꼭대기마다 수없이 많은
중세기 기사들이 지키던 성들
그 밑으로 상품을 가득 실은 배들이
수없이 오가곤 한다
밤낮을 가리지 않고 바쁜 듯이

나는 이곳 라인강변
문학과 과학 철학과 종교적 사상의 화려한
꽃을 피운 이곳 라인강이 흐르는 독일 땅을
밟고 있는 것이다
묵묵히 흐르는 라인강의 물결을 바라보고 있는 것이다
딴 곳의 산, 강, 나무, 들, 흙과 다름없으면서도
눈에 보이지 않는 사고의 꽃으로 화려했던 이곳에서
사고의 세계를 피부로 느끼고자 하는 것이다
그것들의 의미를 알고자 하는 것이다

누가 가르쳐줄 사람은 없는가

알 듯하면서도 알 수 없는 역사의 언어의 뜻을

인류가 살아온 뒤얽힌 문법을

여기 유럽의 복판에 서서 의미를 찾는 내게

밝혀줄 자는 없는가

강물에 흘렸던 수많은 기사들의 피의 의미를

죽고 죽인 영준들의 시체들의 의미를

싸놓으면 적들이 와서 무너뜨린 폐허된 성들의 의미를

뒤얽힌 역사의 의미의 의미의 의미를 가르쳐줄

사람, 여기 아무도 없는가

로마군의 군마들의 우는 소리, 마차들이 구르는 소리들은 이미
들리지 않는다

기사들의 서로 치고 찌르며 엇갈리는 창검소리도

나폴레옹군의 하늘을 흔드는 전승의 환호소리도

나치군 장교의 가죽장화 소리도 이젠 들리지 않는다

우박처럼 쏟아졌던 연합군의 폭탄도 끝났다

라인강 위 산 뒤에 해는 다시 저물고

지금 들이는 것은 강물에 녹는

함박눈의 자욱한 고요뿐

아무도 대답하는 이 없다

누구도 밝혀주지 않는다

천 년이 넘은 한 도시의 대성당

큰 종소리가 울린다

나는 외국인
나는 지나가는 사람
나는 낯선 땅
함박눈 맞으며 혼자 걷는다
짐배들이 떠가는 라인강 강변
나도 지나가는 바람
나도 스쳐가는 그림자

생각에 무성한 산이여
느낌에 신선한 강이여
인간의 사상으로 기름진 땅이여
생각했던 사람들
느꼈던 사람들
창조했던 사람들
그들의 무덤 자국마저도 남지 않았다
남은 것은 그들의 생각들
그들이 세웠던 성당과 성들이 없어졌어도
그들의 정신으로 기름진 땅

라인강물에 옛 눈이 내려오고
시간은 계속 물을 따라 흐르고

역사는 강물처럼 짙은데
여기 누가 가르쳐줄 사람은 없는가
역사의 의미를
흐르는 시간의 뜻을
누가 확신할 사람은 없을까
이 강물이 흐르는 뜻을

어느 날 저녁
나는 함박눈을 맞으며
낯선 땅 라인강변에 서서
또 한 번 어둠을 맞는다

큰 눈이 내리는 길에서

이틀째 쌓이는 함박눈에
찰스강변은 무릎까지 파묻히고
다시 저물어가는 낯선 겨울

헤아릴 수 없는 눈송이들의 지저귐에
아무도 없는 눈길을 거닐면
다시 눈에 파묻히는 나의 발자국

쏟아지는 눈송이에 따사한 어깨
강변을 따라 가로수들
자꾸 눈길에 끌려가는 마음

걸음마다 눈앞에 아물대는 옛 얼굴들엔
꼬리를 물고 오는 어려운 질문들
날아오는 대답은 눈처럼 녹고

흰 저녁 찬 눈길에서
불꽃처럼 타는 나의 가슴
윤곽이 없는 하얀 지혜여

어둠이 다가오는 이역의 눈길에

이마에 녹는 눈송이의 감각

고요해지는 하얀 공간

차돌 같은 고독 속에서

이르는 곳마다 꺾인 논리
어둠에 덮인 지평선
메아리 없던 부름이여
헤매는 마음엔 고향이 없었다

뒤져 어둠 속에 남은 것은
오직 차돌 같은 고독뿐
헌데 오직 거기 영혼의 그늘
거기 영혼이 쉰다

슬픔 속에서도
죽음 앞일지라도
환희의 천당은 없어도

생각 속엔 고향이 없다
하늘에도 고향이 없다
오직 고독 속에 영혼이 있다
오직 고독 속에 고향이 있다

빈 깡통

자세히 보면

플라스틱 산

꽃도 플라스틱 제

말라붙은 개천도

말라붙은 붕어들의 뼈도

확대경 같은 해

선풍기 같은 바람

자갈밭 녹슨 깡통

플라스틱 사랑

뒹구는 깡통소리

장한 어머니의 고독

잘 살아보려고 건너왔단다
더 이상 가난의 아픔을 겪지 않으려
살기 좋은 미국으로 왔단다
부모를 서울에 두고
애들은 뉴욕으로 끌고

택시를 몰고 돈 벌던 남편이
어느 날 맨해튼 골목에서
자동차 사고로 직사한 후
그녀는 애들과 혼자
벌어 살아야 했다

그녀는 밤 늦게
가죽 공장에서 노동을 하며
애들을 키우며 살아야 했다
15년 동안
그녀는 고독했다

가난한 가운데
피로한 가운데

고독한 가운데

공부에 월등한 애들이
기쁨이었다
유일한 빛이었다
유일한 자랑이었다

아들이 하버드대학을 나와
독일계 금발머리와 결혼하고
딸이 웰스레이 여대를 나와
소련계 금발 모스코비치와 결혼하고

그 귀엽던 애들이
거의 볼 수 없게 됐다
그 애들과 만나도
말이 통하지 않았다
애들을 잘 키운 장한 어머니는
흐뭇한 가운데 뼈저리게
고독했다
어머니와 말이 통하지 않는
장한 자녀들도 찢어지게 고독했다
삶은 언제나 이국만 같았다

카레만(萬)이도스화(華)스경(鏡)콩

    ……뉴욕서울브로드웨이명동찰스강엠파이어빌딩롯데호텔대디아버지햄버거국밥록키산맥설악산한드레드딸라팔만원하바드대학서울대레이건전두환핫독초밥러브사랑오케좋소노노아니요타임시간마니돈드림꿈데드죽음빠이빠이안녕노드웨이에어라인대한항공미국한국영어한국말스테이크불고기엉클아저씨코리아한국잡일그린카드영주권……

마운트 오번 공동묘지

마운트 오번 묘지는
공원보다 크다
정원보다 곱다

언덕진 잔디 위
나란히 서 있는
비석들
백 년
이백 년
삼백 년
문패를 달고
쉬고들 있다
이곳에 살던 사람들
뉴잉글랜드
케임브리지

객지 30년
공동묘지를 거닐며
나의 죽음을 생각한다
나의 무덤을 생각한다

나의 마지막 거처를 생각한다

나도 이 아름다운 묘지에
편안히 묻힐까
그래도 나는 손님
30년이 지나도 이곳은
객지
마운트 오번 묘지는
남의 집인가

헐벗어도 나의 고향
가난해도 나의 땅
충청도 산골에 묻힐까
어머니와 아버지와 나란히
가난한 땅의 흙이 될까
나의 뼈는
깡마른 땅의 뿌리가 될까

어느 여승(女僧)의 전화

보스턴이지요, 아무개시지요
그냥 한번 말씀하고 싶었어요
저는 사우스 캐롤라이나에 사는 사람이에요
저는 2년 전 미국사람들에게 수도修道를 가르치러
초청받고 왔었지요. 40세 되는 여승女僧입니다

혼자 작은 막사를 짓고 가르치고 수도하고
명상하면서 살았지요
명상하고 수도하고 해도 그것만으로
안돼요
쓸쓸해요
어떻게 했으면 좋을지
몰라요
외로워요
말도 안 통하고
얘기할 사람도 없고
신문에 쓰신 글 어쩌다 읽고
주소를 찾고 전화번호를 찾았어요
그냥 말 한번 하고 싶어서요
어떻게 하면 좋을지

얘기하고 싶었어요

미국은 쓸쓸해요

허전해요

메이드 인 코리아

백화점 지하실에서 값싼 와이셔츠를 본다
처음 봤던
메이드 인 코리아
처음 가슴이 울렁
조국이여
우리나라여

이젠 또
구두, 장난감, 인형
텔레비전, 스테레오
모두 메이드 인 코리아
가슴이 펴진다
어깨가 올라간다
백화점 이층에서
나는 혼자 외친다
"나는 코리안!"
"코리아는 나의 나라!"

에스키모

1
알래스카
얼음장을 깨고 해구海狗를 잡아올리는
에스키모의 한 식구들
눈에 덮인
빙산을 달리는
에스키모
개떼가 끄는 썰매를 타고

한없이 펼쳐진
얼음과 눈
찬 바람과
검은 바다
털모자에 얼굴을 파묻은
에스키모 가족들이
살아 있다
빙산 위 텐트 속에서
입김이 난다

2

알래스카

에스키모

오로지 이 국적이었기만 했었는데

알래스카

빙산에 사는 에스키모의

사신을 보면

만나보면

에스키모여

당신은 나의 형제

당신은 나의 누나

당신은 나의 어멈

당신은 나의 이웃

당신들이 떠난 지 몇 만 년이 되었던가

당신이 빙산의 맥을 따라 파묻히는 눈을 밟고

아세아 우리들의 대륙

우리의 고향을 떠난 지가

우리는 다시 만난 가족

우리는 다시 만난 친구

몇 만 년 만에 다시 만난 동포

다시 만나는 기쁨

부모들의 마음

너희들을 위해 왔노니
낯선 땅
돈을 벌러 왔느니
세탁소를 하면서
청과상을 벌여서
우리의 고생이
너희들의 평안이 되도록
왔느니
태평양을 건너
서울을 버리고

내가 영어를 못해도
너희들은 말을 잘 하리니
내가 공부를 못했어도
너희들만은 일류대학에 다니게 하리니

공부를 잘하라
의사가 되라
변호사가 되라
아인슈타인이 되라

번스타인이 되라

지지 않을지니 한국인으로서
비굴하지 않을지니 동양인으로서
이길지니
꼭 이길지니
사람으로서

동대(同代)

조지아에 떨어져 산 지 10년
이름을 바꿔
'조지'
버지니아에 굴러 산 지 5년
이름을 갈아
'버지니아'

이름을 갈아 조지가 되면
마음은 어느덧 버지니아가 되고
이름을 갈아 버지니아로 하면
마음은 벌써 조지가 되고

이름은 조지나
나는 아직 복돌이
이름은 버지니아지만
나는 아무래도 복순이

다람쥐

뉴잉글랜드엔 어디나
울창한 참나무들이 많다
울창한 단풍나무도 많다
잔디도 푸르다
다람쥐가 많다
다람쥐가 크기도 하다
다람쥐는 순하다

다람쥐가 왕밤처럼 잔디에 굴러다닌다
다람쥐가 왕밤처럼 가지에서 떨어진다
다람쥐가 나뭇가지를 잘 타고 다닌다
다람쥐가 눈치를 보면서 빵조각을 주워먹는다

참나무 뒤에 매달린 다람쥐의
두 팔만이 나무통 양쪽에 보인다
발가락이 고르게 갈라졌다
털에 덮인 발가락 속에 발톱이 보인다
나는 다람쥐와 숨바꼭질한다

다람쥐가 내려와 조심스럽게 던져준

빵조각을 두 팔로 잡고 소리 없이 먹는다

뉴잉글랜드에 여름이 익어 온다

뉴잉글랜드의 인상

수많은 흰 호수들
시골
마을
들
숲속
임자도 없는 돌담들

흰색
회색
오렌지색
파란색
담백한 콜로니얼식
목조집들
그리고 붉은 벽돌집
교회당
주유소
특히 긴 화살같이 뾰족한
교회당의 채플탑

푸른 하늘

푸른 바다

참나무 단풍나무

거기 매달린 다람쥐

그리고 잔디밭

아메리칸 인디언

맑은 냇물을 마시고 살았다
신선한 물고기를 잡아먹고 살았다
버팔로를 잡아먹고 힘을 냈다
옥수수를 심어 떡을 만들어 끼니를 댔다

산은 푸르고
호수는 맑고
새는 지저귀고
짐승들은 뛰어놀고
인디언의 땅 뉴잉글랜드
인디언의 땅 미국 대륙

인디언들이
푸리무스에 배를 타고 온 청교도를 만났다
첫 겨울 굶어죽게 된 그들을
인디언들은 양식을 대어 살려줬다
인디언의 추장은 점잖았다

청교도들은
백인들은

총을 들고 온 이민들은
버팔로를 멸종시켰다
인디언들을 멸살했다
용감했던 추장들도 쓰러지고
산은 더럽고
호수는 공해에 독이 들고
인디언은 땅을 빼앗기고
인디언은 거의 멸종되고
그리고 언어를
전통을 잃고
학대를 받고
술에 중독이 되고
인디언이 보이지 않는다

애리조나 사막에서
아직도 새벽에 들리는
인디언의 기도소리는
산새만이 듣는다

아메리카

동부의 숲
서부의 사막
백인 잡종
흑인 잡종
황인 잡종
온 세계로부터
몰려온 잡종의 나라
무질서

폭력의 나라
최강대국
최고 부유의 나라
수많은 빈민굴
아메리카는 무정부
아메리카는 원시적 힘

짭
딸라
성공
아메리칸 드림

제시 잭슨 목사의 우렁찬 호소여

마이클 잭슨의 노래여

아메리카는 갈래길

아메리카에서 원시적 생명을 느낀다

아메리카에서 무한 자유를 맛본다

아메리카에서 끝없는 고독을 느낀다

아메리카는 백개

아메리카는 천개

아메리카는 만개

아메리카는 없다

아메리칸은 없다

아메리카에 사는

개인들이 있을 뿐

아메리칸은 조국이 없다

아메리카란 나라가 없다

잘 살아온 이민들이 있을 뿐

어떤 이민

남편을 잃은 어머니는
혼자 아들을 데리고 38선을 넘어
6·25를 겪고
아들을 키웠었다

아들은 아내를 데리고
태평양을 넘어 뉴욕에 왔었다
아들은 공장에서 낮에 일하고
밤에 영어를 배우고
아내는 식당에서 일하고
애기를 키우고

퀸즈의 작은 아파트에서
손자를 봐주던
어머니가 돌아갔다
어머니를 공동묘지에 묻고
아들은 혼자 울었다
어머니를 생각하며
미국 땅에 묻힌 어머니의
뼈를 생각하면서

이북에 묻힌

아버지의 뼈를 상상하면서

아들은 아직 어린 아들을 생각하며

공장에서 계속 일을 한다

아내는 남편과 아들을 생각하면서

다시 식당에서 늦게까지 일한다

객지

1
그 아득한 옛날
구름을 타고 날아왔던가
어디서 왔던가
아메리칸 인디언은
아무도 없는 땅에

지극地極이 갈라지기 전
빙산을 타고 왔겠지
알래스카 얼음 벌판
에스키모는
아무도 모르는 곳에
마젤란 해협을 돌아

남태평양을 떠돌던
낯선 마젤란의 목선
무엇인가에 끌려
아메리카 대륙에 표류한
콜럼버스의
모험

낯설어 끌린 마음이여

또 왔다
태평양 건너 객지에
파도에 시달린 돛대를 달고
새로운 삶을 찾아온
청교도들이

2
기억하노니
엄마의 따뜻한 배를 나왔을 때
우리의 삶은 객지
바다의 물결에 쓸려
아득한 존재의 어느 해안에서
어선이 낯선 땅에
떠오듯
삶은 객지로만 떠나야 했고
삶의 객지
휴식이 없는 표류
정착지 없는
존재의 파도를 타고
삶의 바람에 불려

삶은 낯선 땅

영원한 휴식

삶의 고향을

죽음에서 찾는다

흑인 아이의 흰 눈동자

애비를 모르는 아이
어멈도 잃은 아이
보스턴 빈민굴
지저분한 문 앞 계단 위에
앉아 있다
한 흑인 소년의
칠흑빛 번쩍이는 얼굴
크고 맑은
두 개의
흰 눈동자
밤중에 열린
창문 같은데
살빛이 검어 슬픈
검은 운명의 밤은
언제 열릴까
그 검은 아이의 삶의 문이
흰 눈동자는 환한데

판문점

소련군 같은 인민군과
국군 같은 미군 헌병
그리고 국군
권총을 마주대고
24시간, 365일, 43년
삼엄한 침묵
가끔 짙은 숲에서
산새들의 지저귐이 들릴 뿐
찢어진 38선
그 위 하늘 같은
단 하나의 한국을
소리 없이 말없이 원하느니
통일된 조국을

누가 우릴 갈라놓는가
무엇이 이 땅을 찢는가

미국의 설날

1
전날 눈이 내렸었고
요 밑에 깔아 두었다가
어머니가 입혀준 속내의가
따뜻했었다
새 바지저고리가 자랑스러웠었다
손꼽아 또 손꼽아 기다리던
어릴 적 설날 초가집 시골 아침

돗자리를 깔은 대청의 잔치 같은
차례상 앞
할아버지, 아버지, 언니, 어머니, 누나들
틈에 끼어
조상들 앞에 절하며 맞이하는
설날 아침
함께 모인 식구들

어른들에게 세배를 하고 나서
조끼 주머니에 불어나던 세뱃돈
그래서 기다렸던 설날

할아버지 상에 끼어 떡국을 먹고 나면
나는 또 한 살 나이를 먹고 크리니
그래서 기뻤던 설날
사뭇 부풀기만 했던 아침

2
진눈깨비 내린 벽돌집 도시
가까워도 낯설기만 한 빌딩
먼 객지에 설날이 와도
갈아입은 청바지는 역시 차고
떡국 냄새 대신
집집마다 코를 찌르는 것은
베이컨과 커피 냄새

차례상도 없이 설날이 왔다
세배할 할아버지도 없이 새해를 맞는다
세뱃돈 줄 아저씨도 없는 객지의 아침
손꼽아 설날을 기다렸던
시골 어릴 적 나 자신을 회상한다
다시 만나지 못할 아버지 어머니를 생각한다
초가집 떡국을 끓이던 굴뚝연기를 되새긴다

베이컨 냄새만 풍기는 빌딩
차례도 없고 세배하는 사람 없어도 오늘만은
서투른 떡국을 끓이려니
떡국 냄새 나는 설날을 지키려니
단 세 식구만이라도
우리들의 설날

내일부터 다시
방탄복을 입고 가게를 지키더라도
내일부터 더욱
우리들의 가게를 키우기 위하여
오늘은 우리들의 설날

새로운 세대를 위하여

백발 할아버지 할머니 된 아버지 어머니
이젠 당신들의 세월은 지났습니다
당신들의 피와 땀에 여문
새로운 꽃이 활짝 피려 하니까요

교수가 된 교사, 박사가 된 교수
이젠 당신들의 지혜가 드러났습니다
당신들의 앎이 무르익어
새로운 생각과 뜻이 싹틉니다

우리 모두 우러러보던 사상가, 거룩한 종교가
이제 당신들의 지혜와 덕이 드러났습니다
당신들의 진리를 바탕으로
새로운 진리가 보였습니다

어서 물러가소서
어서들 물러가시지요
당신들이 미워서가 아니니까요
당신들의 자릴 탐내서가 아니니까요

새 아침 새 날이 시작되듯
설날 새 옷 입은 어린애처럼
새로운 세대가 새로운 가치가
찬란한 새벽처럼 트고 있으니까요

이제 새로운 역사적 무대에서
새로운 노래와 새로운 춤으로
새로운 찬가를 불러야 하겠어요
새로운 삶을 시작해야지요

서운히 여기지 마십시오
당신들의 아들들을 축복해서라도
당신들 죽음의 뜻을 생각해서라도
당신들의 땅을 비옥하게 하기 위해서라도

별을 단 졸병들도
어서 가십시오
어서들 병사兵舍로 돌아가시지요
당신들 자신을 위해
당신과 하나인 우리 모두를 위해서라도

'Hyundai, Excel'차를 보고서

낯선 거리에서
아직은 외로워도
너는 한국
나는 덜 외롭고

너의 모습은 진달래꽃
너의 발동소리는 아리랑

남의 땅에서
아직은 초라해도
너는 나의 고국
나는 더 큰 긍지를 갖고

너의 엔진은 살아 달리고
너의 갈 길은 한없이 밝고

그냥 흐뭇한 마음

쾰른대성당

이건 산이다
이건 바위산이다
그 웅장한 모습 앞에서
오직 경건만 해지는 마음

8백 년 끝없이
하나님을 찬송하는
뜨겁고 붉은 합창소리가 되고

8천만 개 하나하나
믿음의 벽돌이 모여
하나의 믿음의 전당을 이루고

8억 개 한결같이
기도의 손이 합쳐
하늘로 솟고

옛 사람들의 이름마저 사라져도
보이지 않는 것은 역시 보이지 않아도

이건 영원

이건 허망해도 허무에 이긴 승리탑

아우슈비츠 강제수용소에서 1

까마귀들만이 미루나무 위를 날아다니고 있었다
벽돌 창고들만이 철조망에 싸여 나란히 줄지어 서 있다

한 방에는 임자가 없는 머리카락이 지푸라기처럼 긁어 모여 있
다
또 한 방에는 주인이 없이 이름만 남아 붙은 트렁크들이 모여 있
다
또 다른 한 방에는 공사장 쓰다 남은 철사들처럼 안경테만이 산
더미 같다

유태인들의
지푸라기들의
사회주의자들의
어머니의
아들의
어른들의
애들의
폴란드, 소련, 독일인의
가스에 타 죽은 수백만 인간들의 나머지
번호가 붙은 파자마가 찢어진 채 나무 침대에 걸려 있다

이젠 연기가 나지 않는 가스실 굴뚝이 남아 서 있다
패전 후 나치 수용소장을 목매어 죽인 막대도 남아 있다

아무 말이 없다
하나님의 말씀도 들리지 않는다
하나님도 말이 없었던가

가랑비가 내리는 폴란드의 저녁
까마귀만이 울면서 들로 날아가고 있었다

아우슈비츠 강제수용소에서 2

벌써 연기가 꺼진 지 오랜 가스실 굴뚝
그러나 그 굴뚝에선 의미의 연기가
끝없이 하늘로 올라간다
사람들의, 애들의, 병신들의, 노인들의, 유태인들, 집시의
살과 뼈가 타는 연기가 아직도 이곳 하늘을 덮는다
인류 양심의 푸른 하늘을 검게 덮는다

조용한 폴란드의 들, 이곳 옛 강제수용소
아우성 소리, 울음소리, 고통의 울림이 나무들을
흔들고, 들을 흔들고
구름을 찢고, 마음을 찢는다

찢어진 얼굴들, 가스에 익은 살들
피부가 익고 창자가 타는 냄새
수십만 아이들의, 노인들의, 유태인들의,
사회주의자들의
인간이 타서 냄새로 바뀌고
재 되고 연기 되어
없어진 곳,

살려고 바득거리다가 모두가
검은 연기가 되어 날라갔던 곳

이 강제수용소에서
우리는 다 같이 인간됨이
부끄러워진다
연기와 함께 사라진
사람들의 아픔 앞에서
인간됨의 부끄러움을 생각한다

로마의 폐허

왕관을 쓴 시저들은 보이지 않는다
그들의 그림자도 보이지 않는다
노예들도 눈에 띄지 않는다
창을 들고 포수를 보는 로마제국의
군인들도 보이지 않는다
모두 어디로 갔는가

2천 년 전 로마의 도시
남아 있는 것은
대리석 기둥 몇 개
무너진 돌벽
세계를 정복한 로마제국의
옛 수도
영원을 믿었던 도시

역사의, 정복의, 제국의, 그것을 위한 고통의
그 의미, 그 뜻은
그 의의는

의미의 무의미

무의미의 의미

깨어진 돌 조각, 무너진 폐허의
보일 듯 보이지 않을 듯
보이지 않으면서 보일 듯한 의미
뜻은 몰라도 아름다운 폐허
허무해도 장엄한 자국

라인강의 눈

북극의 나라 라인 강변의 도시에 눈이 오리라
함박눈이 오리라 무릎이 파묻히고
산과 들이 덮이게 눈이 오리라

그 눈 속을 걸어보리니
그 눈 위에 시를 써보리니
눈에 파묻힌 하숙방에 앉아
밤늦게까지 생각에 잠겨보리니
찬바람 부는 이국의 밤중에 혼자의 마음을 들어보리니

눈은 오지 않고 비만 내린다
찬바람도 불지 않는 밤안개만 낀다
나는 시를 쓰지 못한다
나는 생각을 하지 못한다

베니스로 가는 일등열차 안에서

소원의 항구
곤돌라에 춤추는 물의 도시
베니스로 달리는 일등열차실

베니스를 가리키는 지도를 놓고
나는 혼자 물어본다

'나는 어디로 가는 건가?'

나는 열차 밖 풍경과 함께
흔들리고 있었다

기차 안에서 멀리 본 사르트르의 대성당

전체를
가로지른 하나의
선
위 절반은 푸른 하늘
밑 절반은 노랑 밀밭

한복판
회색빛 솟은 성당
하나의 선
하나의 연결

하늘과 땅의
저곳과 이곳의
만남

자연화(自然畵)

알프스 산맥

바바리아의 푸른 목장

거기 흩어져 풀 뜯는

젖소 몇 마리

사람 없어 한적한

골짜기 샘물가

숨어 있듯

빨강 기와 돌집 하나

사선(死線)

의식이 깼을 때 나는
바티칸 궁전 앞 로마의 길바닥
아스팔트에 누워
앰뷸런스의 사이렌 소리를 들으면서
나를 둘러싸 내려다보고 있는 로마사람들 사이로
하늘을 보고 있었다
무한히 푸른 여름 하늘
아내의 떨리는 손을 잡고

죽음의 의식에 비쳤던
무한히 아름다웠던 로마의 하늘
무한히 고요했던 로마의 잡음
죽음 앞에서
무한히 가까웠던 낯선 로마 사람들
그리고 무한히
곱고 따뜻했던 손
죽음과 삶의 경계선에서
언어보다 확실한 침묵의 빛

프랑스 남부 시골을 지나면서

산 밑 낮은 언덕에 가린
빨강 기와지붕
담 무너진 돌집
한 채
주인도 없는

거기 닫힌 문
살근히 열고 혼자
들어가 쉬는
포근한 마음의 잠

비엔나의 스테판성당 광장

옛 제국의 수도

황제는 망해 없고

카메라를 든 수많은 투어리스트들

지나가고 스쳐가고 엇갈려

황혼의 그림자 짙은 늦여름

어디서들 왔는가

어디로들 가는가

다시는 만나지 못하리니

길을 가르쳐주던

그 사람들도

묘지 순방

몽파르나스 묘지에 돌로 변한
사르트르
비석마저 삭아버린
보들레르의 흔적
파리는 여전히 화려해도

프라하시 교외
유태인의 공동묘지를 찾는 것은
잡초에 파묻힌 비석 '프란츠 카프카 박사'
앞에 잠깐
서 있어 보자 해서

비석이 되어 남아 있는 형이상학 철학자 헤겔
비석으로만 남아 있는 공산주의 작가 브레히트
동베를린의 지저분한 묘지에 누워

죽어도 묻힐 곳이 없다
빈민굴처럼 비비고 서 있는
비석들
파리시 페르 라 셰즈 공동묘지에서

쇼팽의 비석이 삭아버린다

라 퐁텐느의 비석이 쓰러져 있다
시체는 썩고
돌도 삭고
돌에 새긴 이름도 지워지고
거기 꽃송이 하나

스케치북

1 프랑스

지붕 위 삼색기
바람에 춤추고
길가 카페에 앉아
노란빛 바게트 빵 맛
인상파 캠퍼스

2 서독

주인 없는 옛 성곽
갑옷과 창을 간직하고
광장의 성당
그 옆엔 금박한 시청사
중세 동화 책장

3 동독

바이마르 공화국 광장 앞
괴테와 실러의 동상은
함박눈을 맞고
두터운 외투를 쓰고 병사兵舍로 가는 소련 병사
석탄을 태우는 냄새가 코를 찌르고

4 폴란드

아름답다는 고도古都
크라코시는 오염에 검고
공원에 앉아 있는 어두운 얼굴들
웃음 잃은 금발 여인들
말 없는 '소리다리테트'

5 체코슬로바키아

푸른 계곡 강을 끼고
카프카의 고향 프라하시
꽃피는 오월 같은

아름다운 처녀 같은
보헤미안의 수도

6 오스트리아

다뉴브강은 흐르고
투어리스트들이 찾는 모차르트의 생가
비엔나시 한복판
합스부르크가의 궁전
제국은 망해도 왈츠곡은 남고

7 이탈리아

곤돌라를 타고 베니스를 돌면서
토스카나의 풍경을 따라 찾아가면
미켈란젤로의 플로렌스시
황제들이 남긴 로마의 폐허를 거닐면서
역사를 더듬으면서

베를린 박물관의 미라

화려했던 금박의 관도 썩고
우아했던 얼굴도 시간의 재가 되어
사막의 바람에 삭아
피라미드 속에 누워 있었지만
어느 왕자의 미라
천년 묵은 썩은 자지를 내놓고도
부끄럽지도 않은 듯
몇 만 리 이역 베를린의 박물관 구석
수많은 관광객의 구경거리가 되어

너는 우리들의 반신半身
너는 우리들의 그림자
너는 말이 없고
너는 평화롭고
우리들은 내일을 걱정하고
우리들은 죽음을 두려워하고
삶의 아우성 속에 잡혀
바람과 같이 지나가는 우리들의
그림자

뤼베크 항구에서

북해에 그물을 던져 고기를 잡아
어민들이 배를 타고 모였었다
북해를 누비며 상선을 띠고 무역을 했었다
얼어붙은 북극의 바람과 싸우며
눈을 가리는 쏟아지는 찬 눈을 맞으며
해적들과 싸우면서 바다로 갔었다

진달래꽃 덮인 동산같이 얼룩진
북국北國의 항구, 뤼베크
나는 지구의 끝을 의식한다
쏟아지는 함박눈을 맞으면서
바람에 흔들리는 어선들의 돛대를 바라보면서

눈보라치는 바다를 향해 이 항구를 떠났던 사람들
고기를 싣고 돌아왔던 어민들을
보물을 싣고 돌아온 뱃사람들을
나는 바라보고 있다
북국의 도시 뤼베크 항구에서
다시 돌아오지 않는 사람들을

『보이지 않는 것의 그림자』 초판 서문

여기 모은 작품들은 27년간의 객지생활에서 겪은 경험과 최근 독일을 중심으로 한 1년간의 유럽 체류에서 얻은 것들도 있지만, 이 시집의 이름이 암시하듯 종교적 문제와의 오랫동안의 정신적 씨름을 반영한다. 나는 어떠한 특정 종교도 인정할 수 없다고 믿는다. 그런 입장을 1년 반 전에 낸 『종교란 무엇인가』라는 저서에서 밝혔다. 그러나 넓은 의미에서의 종교적 문제에서 나는 해방될 수 없다. 삶의 근원적 의미, 존재 일반의 근원적 수수께끼가 나의 집념이 됐던 것은 오래전부터의 일이다. 아직도 확실한 대답을 찾지는 못했다. 앞으로도 확실한 대답이 나오지 않을 것만은 확실하다. 그러나 나도 항상 궁극적으로 그러한 문제에 언제나 부딪침을 의식하게 된다. '보이지 않는 것의 그림자'란 이미지는 위와 같은 나의 종교적 입장을 가장 선명하게 표상해준다고 믿는다. 이 이미지는 미학적으로도 마음에 든다.

두 번째 시집 『나비의 꿈』을 내면서 다시는 시를 쓰지 않아도 된다고 생각했었다. 그러나 나는 그 작품들이 불만스러움을 느꼈다. 새로 다시 얘기를 해야겠다는 내적 필연성으로 여기 모은 작품들을 썼다. 이것들 역시 불만스러운 이상 나는 부득이 앞으로도 다시 작품들을 써야 될 것이다. 미흡하다는 것을 알면서도 한 권으로 모아 세상에 내놓는 이유는 좋건 나쁘건 여기의 작품 대부분들이 가장 중요하다고 생각되는 문제와 맞서본 흔적이라는 데 있다.

1987년 6월 미국 케임브리지에서

4부

울림의 공백

마지막 낙엽

푸른 하늘에 반짝인다
단 하나 남은 단풍 나뭇잎
저녁 햇빛
소리 없이 흔들리는 금빛

슬쩍 지나가는 바람
피로한 두 볼에 차다
꽃잎처럼 떨어지는
마지막 낙엽

발걸음마다 바삭대는
가랑잎들
그치지 않는 낙엽들의 이야기
또 한 번 겨울이 다가온다

하늘의 유혹

한없이 올라가고 싶은 하늘
끝없이 빠지고 싶은 푸른 하늘
멀리 어딘가로 아주 날아
사라지고 싶은 마음
나는 마음의 날개를 달아본다
푸르게 날아가는 나의 바람

생각의 막

지는 해는 아름답다
한 치 두 치 드디어
해는 산 넘어 숨고
생각하다 또 생각해도
생각이 막을 내린다
다시 어둠이 펴지고
의식이 혼자 헤맨다
어둡고
깊고
먼
공간을

별들의 소문

아니라고 했다
그렇다고 했다
의심스럽다고 했다
모른다고 했다

소문이 떠돌아다니고 있었다
짐승들과 이야기를 나누던
아득한 옛 동굴들로부터의
소문이 자자하게 들려왔었다

별들의 소문
별들을 타고 온 소문이 있었다
별들처럼 반짝이는 소문
별들의 대화처럼 알 수 없는 소문이었다

사라지는 지구

사람들의 무거운 생각들의
중량에 눌려
지구가 떨어지기 시작했다
지구가 우주 저 멀리 사라지고 있었다
낙엽처럼 아득히 날아가고 있었다
끝없이 깊게 파묻히는
어둠 속으로 없어지고 있었다

지구가 사라지고 있었다
떨어지고 있었다
별들처럼 산산이 흩어지고
또 부서져서 반짝이는
찬란한 의식의 혼란

지구는 사라지고 있었다
사람들의 병든
의식에 의해 썩은
지구는,
하나만의 우리들 지구가
어디론가 아주 없어지고 있다

또 하나 누군가 세상을 떠난 날

바다 위에 저녁노을이 퍼진다
조금씩
또 조금씩
아무도 알 수 없는 사이
차츰 작아지는
어느덧
수평선 너머
아주 사라진 해

발굽을 올려 멀리 건너봐도
보이지 않는 수평선
저쪽
그곳은 어떤 곳일까
만종이 울리는 성당
마을의 해변가
또 하나 누군가 세상을
떠난 날

남극

빈 바다
거기 떠다니는
끝없이 장엄한
빙산
한없이 넓은 얼음의 들
눈에 덮인
흰 들 위
마구 달려
어디론가 뛰어가는
한 마리 검은 곰의
사라지는 움직임

아무것도 없이 다만
바다와 빙산
아무것도 살아 있지 않고
죽음보다 고운
눈의 순결
침묵의 바람소리를 빼놓고는
무한히 고요하기만 한
남극의 순수

케임브리지시 공동묘지

교회당 그림자에 짙은 잔디밭
3백 년 묵은 무덤들
종잇장같이 얇은 비석들이
문패처럼 총총히 서 있다

그 밑 뼈도 남아 있지 않을
주인들은 풀잎이 되어
꽃이 되어 봄을 맞고
벌레가 되어 기어나온다

비석들

비에 젖어
눈에 덮여
시간에 닳아
바람에 삭아
이제 알아볼 수 없는 이 비석들
그대들의 이름은 무엇이냐
알 수 없는 그대들의 이름들
이곳에서 무엇을 하고 있을까
비석들이 혼자 남아
밤비를 맞고 서 있다

여기가 어디지

여기가 어디지
지금 나는
길을 잃었다

아무도 대답하지 않는다
그들도 함께 길을 잃어서일까
인심이 사나운 그들인가

대답 없는 여기

지구는 어디로 가는가

지구는 별바다를 떠 흘러가고
짐승들은 아프리카 정글 속에 잠들어
꿈꾸고
젊은 투사들은 고층 건물에서 뛰어내려
땅에 떨어져 즉사하고
애인들은 허리가 빠지게 일을 하고
지구는 어디로 흘러가는가
우리는 어디로 가는 길인가

시작(詩作)의 고통

산은 산이고 물은 물이고
산은 산이 아니고 물은 물이 아닌데

사람은 사람이고 개는 개이고
사람과 개는 차이가 없는데

깨뜨려지지 않는 산과 물의 거리
지워지지 않는 사람과 개의 차이

산이 산이라서 시인이 고민한다
사람은 사람이라서 시가 써지지 않는다

시는 산도 아니고 물도 아닌 중간에 있을 텐데
시어는 사람도 아니고 개도 아닌 언어
없는 사이에 있을 테니까

산과 물이 섞인다
사람과 개가 합친다

악몽

마침내 빠져나왔다고 생각했더니
막다른 골목
뒤돌아서니 별안간 아찔하게 깊은
낭떠러지

한번도 행복하고 싶어 하지 않았다
뼈와 피부처럼 언제나
절실하고 싶었을 뿐이다

가도 가도 험악한 함정만 같은
빠져나오면 더 빠져들어가는
시궁창 같은
삶의 깨어나지 않는 악몽을 꾼다

어머님의 무덤 앞에서

무신론자인데도
당신을 보고 싶어 왔지요
당신과 이야기하고파 왔지요
어머니
고생이 많으셨던 우리 어머니
당신의 막내 아들
어느덧 백발이 되어
당신을 찾아왔지요

당신의 옷자락 대신 잔디풀을 쓰다듬지요
당신의 목소리 대신
산새들의 이야기에 귀를 기울이지요
어머니
당신을 찾아왔습니다
어느덧 저녁노을이 또 집니다
당신의 무덤에
무신론자 당신의 아들이
당신의 영혼을 찾아왔습니다

바닷가에서

숲을 뛰어나온
호랑이가 뛰는
아프리카의 넓은 들
바다에서
샤크가 입을 벌리고
지뢰처럼 달린다

발견

백발의 교수는 형이상학적
진리를 밝힌다
학생들은 열중해 진리를 배운다
살인범이
형무소에 혁명가들이 갇혀 있다
자제를 못하는 장사꾼이
서로 목을 쥐고 싸운다
나이 먹은 군인들이 전쟁준비를 한다

하나같이 다 죽어 썩겠지
머지않아
이 사람들이 하나같이 다 죽어버리겠지

지구의 피로

지구는 피로했다
지구가 어디론가 떠나간다
지구가 깊은 곳으로 한없이 가라앉는다
지구는 어디로 사라지는가
우리는 어디로 흘러가는가
지구는 고독하기만 하다

너무 무섭기 때문에

정말 알아야 할 것이 있다
모두 다 알고 있으면서도

그러나 아무도 말하지 않는다
모두들 딴 얘기만 한다.

그것이 너무 중요하기 때문에
그 답이 너무 무섭기 때문에

어떤 충동

늦대가 되어
넓은 숲속
깊은 밤의 흰
침묵이 찢어지게
울고 싶었다
목을 쳐들어
별 뜬 하늘을 향해
울고 싶었다
별들이 흔들리게 울고 싶었다

아프리카의 숲속에서 나와
아프리카의 끝없는 초원을
뛰고 싶었다
화살같이 달리는 호랑이같이
뛰고 싶었다

다람쥐와 나

나는 돌 벤치 위에
혼자
앉아 있었다
그냥
어느 가을날 오후
산책길

참나무 통 밑
살찐 다람쥐 하나
상수리를 돌리다
혼자
날 바라본다
움직이지 않고

다람쥐와 내가
서로 바라보고 있었다
단 둘이
빈 정원
오래 바라보고 있었다
서로의 시선을

그리고

나는 내 자리를 뜨고

다람쥐도 제 자리를 뜨고

각기 혼자서

서로 따로따로

다람쥐와 내가

강아지와의 대화

강아지와 내가 서로
바라보고 있었다
서로 이상스럽게만 보였다
서로 비슷하게만 보였다
서로 계면쩍었다

대합실

한 곳에서
우리는 다 같이 서로 낯설다
우리는 서로 딴 언어밖에 알지 못한다
한때
우리는 다 같이 딴 곳으로 떠날 준비를 한다
우리는 다 같이 시간을 맞추며 서성거린다

하늘로
바다로
산으로
마을로

대합실 시계가 죽어 있다
연착
연발
지각
우리는 언제
어디로 떠나게 될지
아무도 알 수 없다

비행장 로비에서

복잡한 기계의 쳇바퀴처럼
돌아가고 서로 스쳐가는 사람들
손님들로 알록진
만남의 만화경

이 사람들
이 숱한 사람들은 어디서
왔지
이 사람들
이 숱한 사람들은 어디로
가지

모두 초조히 기다린다
모두 끊임없이 움직인다
모두 어디론가 떠나려고만 생각한다

시간을 물어본다

이제 다 틀렸는가
이젠 다 늦었는가
시간을 들여다본다

너무 빨랐던가
너무 늦었던가
시간을 물어본다

이제 다시 갈 수 없을까
이제 그만 둘 수 없을까
시간이 죽었다

갈 곳

언제 가까이 갈 수 있을까
너무 멀다
아니면
무한한 공백이다

어젯밤 도깨비

어젯밤 우리는 도깨비를 놓쳤다
우리는 어디 있는가
버러지들이 춤을 춘다
벌거벗은 그 도깨비들

돌을 먹는다

돌을 먹는다
자갈을 마신다
바위를 깨문다
모래를 마신다
우리는 배고프다
우리는 살아 있기 때문이다
사자의 지옥
의식의 어둠

찢어진 살

찢어진 살
하늘이 푸르다
산 속에서 짐승이 운다
고요한 아픔
무한한 별들의
헤아릴 수 없이 많은 이야기들

눈에 덮인 쓰레기더미

산더미같이 쌓인 쓰레기는
눈에 덮였다가
녹슨 자동차 차체 밑에
파란 싹 하나
봄바람이 따스하다

무덤과 꽃

어머님 산소에 잡초 한 포기
꽃이 폈다
풀꽃이
그 꽃의 언어
그 의미를 따진다

산새와 비석

산새 한 마리 운다
허물어진 무덤의 임자는 누구일까
쓰러진 비석 위
한 마리 산새가 운다
가랑잎 날리는 가을 저녁

메아리

해가 진다
산과 들
도시와 사람들
나와 너
모두가 사라지는 그림자

역사의
모든 사건들이
크고 작은 사물들이
하나같이
있다가 없어진
그림자
보이지 않는 무엇인가의 그늘
밑에서

애들의 웃음소리와
노인의 신음소리
혁명을 외치는 아우성
숱한 철학적 토론에 높아진 음성
무엇인가의 보이지 않는

크나큰 하나의 높은 벽에 부딪쳐 울리는

메아리 소리의 흩어진 의미

밝고 고요한 밤의

메아리의 울림

알 수 없는 말소리의 뜻

확실히 소리가 들린다
확실히 말소리가 들린다
사람들의 말이 아닌
사물들의 언어
짐승들의 언어
버러지들의 말
식물들의 말
확실히 말소리가 들린다
알 수 없이
아주 깊은 뜻있는
수많은 말소리가 들린다

거기 가면

누군가가 거기 가면 기다릴 것인가
길이 있을까
들길 같은
오솔길이 있을까

거기 가도 혼자일까
거기에도 기다리는 이
아무도 없을까

저녁 바다

바다는 모든 것을 씻는다
바다는 춤춘다
바다는 부른다
바다 저쪽으로 몇 척의
배가 사라진다
저녁 붉은 해가 가라앉는다
바다는 살아 있다
모래밭에서 바다는
깊은 사색에 잠긴다

썩은 나뭇가지에서

썩은 나뭇가지에서 싹이 튼다
강을 덮은 얼음이 녹고
눈에 덮였던 잔디가
초록빛 싹으로 솟고
검은 흙이 갈라져서
버러지가 꿈틀거린다
나뭇가지에서 혼자 지저귀는 새
모든 것이 다시 봄을 불러온다

눈 밑에서 솟는 수선화

아직도 눈에 덮인
정원
눈 속 밑에서 솟는
수선화
노랑색 꽃이 물든
흰 눈
4월
아직도 춥다

다람쥐의 오해

다람쥐가
나무 밑에 손을 들고 발을 딛고
나를 바라본다
겁에 찬 눈알을 굴리며
두 손을 비비며
용서해 달라는 듯이
다람쥐는 잘못이 없다
나는 악의가 없다
다람쥐와 내가
말없이 서로 보고 있다
다람쥐는 오해를 푼다

우리들의 조롱

우리는 자유롭다고
우리는 믿는다
삶이 고통이라면
우리는 자유롭지 않다
우리는 보이지 않는
조롱, 겹겹으로 쌓인
보이지 않는 조롱 속의
조롱 속에
갇혀 있기 때문이다
우리는
욕망이
무지의
신비의 조롱 속에
자유라는 조롱 속에
자유롭지 않게 갇혀 있다
우리는 날아갈 날개 없이
땅에
삶에
삶이라는
조롱 속에 갇혀 있다

병든 지구

1

독을 마셔 죽은 고기를

먹고 죽어 쓰러진

물고기들이

바다에 떠 썩고

헐려 뜯긴 숲들의

나무들이 노랗게 죽어가고

산새들

그리고 산 짐승들이

농약을 먹고 죽어

오염된 계곡에 썩고

온실처럼 갇힌 지구가 뜨거워

강물이 메마르고

들의 곡식들이 말라 시들고

도시 근방에는

산더미같이 쌓이는

쓰레기들의 더미가

코를 찌르게 썩고

지구의 왕성한 균

사람이란 동물은

자꾸 번식하고

헐고

병든 지구

2

산은 머리카락이 빠졌다

병든 나무들이 쓰러지고

절룩거리는 호랑이

신음하는 짐승들은

녹물이 고인 골짜기에서 허덕인다

바다는 썩어 냄새가 코를 찌르고

오염된 고래들이 죽어 떠내려와 모래사장에 쌓인다

암에 걸린 해저의 물고기들이

쓰레기장이 된 바닷속 산호에 모인다

병원

수술실에서 의사들은 백정같이 칼질을 한다

톱으로 뼈를 갈라 자르고

칼로 살을 도리고

병실에서 신음하는 환자들이 오줌을 싼다

똥도 싼다

간호원들의 흰 가운이 천사 같고

봄이 아름답다고 확인한다

그리고 의사들은 아내 몰래

간호원과 사랑에 빠진다

인간의 양면

인간의 존재는
암처럼 번져 지구에 퍼졌다
이제 모든 게 늦다
수마트라 원시 정글에서
천년 묵은 나무들이 잘린다
그곳 원주민들이 없어진다

인간의 의식은 우주의
빛
미치지 않아도 별보다도
밝은 빛
어두운 존재에 비친다
우주보다도 큰 빛

눈 사냥

이미 무릎까지 쌓인 눈에 덮인
들 위에
아직도 함박눈이 계속 내린다
해질 무렵
함박눈이 내리는 들
계곡을 뛰어가는 사슴 한 마리
사냥꾼들의 엽총소리
사슴은 쓰러지고
빨갛게 피 묻은
흰 눈
기러기떼들은
저녁 하늘 위
시옷자 대열을 짓고
석양 하늘 쪽을
우연히 날아간다

자연이치

파리는 구더기를 잡아먹고
메뚜기는 파리를 삼키고
개구리 뱃속에 메뚜기가 산 채로
들어가 녹고
뱀은 큰 개구리를 삼키느라 애쓴다
독수리가 뱀을 먹고
호랑이가 여우를 찢어 뜯어 먹는다
여인들은 호랑이 가죽을 두르고 다닌다
여인들은 흙 속에서 버러지 밥이 된다
그리고 흙 속에서
풀이 나고
꽃이 피고
꽃이 지고
눈에 파묻혀 죽는다

신세계

나는 고장난 컴퓨터
푸른 들 복판
나날이 확장되는
정크야드
이게 무슨 녹슨
잡음이나

언어의 별들

책 속의 수없는
낱말들
진리가 빛난다
어두운 밤하늘
반짝이는
수없이 흩어진 별들처럼
빛나는 별들은
한결같이
흙뭉치들이다

저녁 해변

갈매기들이
고운 해변가 모래밭에
남긴 발자국 무늬들이
밀려오는 파도에 지워지고
큰 소라껍질에
전달되는 바닷속 깊은 소식들은
읽을 수 없이 신비로운 말
수평선 저쪽으로 숨은 붉고 둥근
석양
붉게 물든 바다
어두워지는 작은 어항을 찾아
돌아오는 한 척의
어선
나의 마음은 수평선으로
아물거리며 사라지고
나의 생각은 고래처럼
한없이 깊고 먼 바다 속으로
헤엄친다
산맥같이 큰 파도를 타고
저녁해변이 출렁거린다

파라다이스

시의 구절처럼 신선한 저녁
찰스강 강변
혼자 거닐면
강은 강이 아니고
시간은 시간이 아니고
파라다이스
나는 시간의 원천과 접한다
스쳐가는 한 순간

고향집

대궐같이 컸던 고향 기와집
긴 세월에 깎여
초라하고 가난하고 작다
사십 년 지나 돌아와 들어서는 대문
돋보기 안경에 바꿔진 문패
아버지도 어머니도 계시지 않고
동네 아는 이도 보이지 않고
동네 아이들이 어디서 왔느냐 묻는다
누구냐고 묻는다
할아버진 누굴 찾느냐고 묻는다

봄의 기적

죽은 나뭇가지에서 터질 것 같은 초록빛 잎이 난다
죽은 잔디밭에서 처녀 같은 풀잎이 난다
어느덧 사방에 꽃이 피고
어느덧 가로수는 짙은 잎으로 무겁게 흔들린다
산으로 가 누워계신 어머니는 돌아오지 않는다

마스크

알고 있으면서
잘 알고 있으면서도
사람들은 말하지 않는다
삶이 쓸데없는 것이라고
사람들은 자신의 마스크를 벗지 못한다

어떤 원초적 본능의 감옥
욕망의 죄수가 되어
우리는 다 같이 사람의 감옥에 갇혀
해방되지 못한다

모든 노래
모든 깃대
모든 진리
모든 기쁨
모든 희망은
한결같이 화장한
욕망
우리는 살아 있는 동안
단념하지 못 한다

그리고 또
삶의 의미를
또 하나의 이어질 삶의
이야기 같은 것을

사물과 의미

만약 한 포기의 피는 꽃이
바람과 땅속을 흐르는 물과
버러지와 검은 흙의 물리학적
합창소리라 해도

만약 한 마리 아름다운 산새의 노래가
화학과 물리학과 생물학에 따른
시간과 공간의 합작이라 해도

만약 자연의 법칙을 깨뜨리는 자유가
무쇠고랑보다 강한 필연의 고랑쇠의 결과라 해도

만약 삶의 의미가 사물의
움직이는 소리에 지나지 않다 해도

날아가고 싶은 자유의 하늘
타는 사막같이 목마른
의미
이 모든 것들의 잡히지 않는
그 의미

나의 유전자

나의 유전자는 어디서 왔던가
만났다 헤어진
헤아릴 수 없이 긴 그 역사의 깊이
그 길이를 생각해본다
'나'라는 유전자의 집합이 유전자를
생각하는 것이다
나의 유전자는 어디로 연결되는 것일까
나의 유전자의 연결의 뜻은 무엇인지
보이는 것은 오로지
부서진
이야기의 그림자뿐이다
올라가고 또 올라가도
있는 것은 오로지
사다리뿐이다

하나의 삶

1
병아리가 굼벵이를 찍어먹지만
굼벵이의 유전자와
병아리의 유전자는
한결같이 동일하다
똥파리와 황소가 다른 것은
몇 개 유전자의 배열이 다르기 때문이다
침팬지와 인간은 같은 수의 똑같은 유전자를 갖고 있다
하나의 유전자의 배열이 다를 뿐이다
우연히 잘못을

유전자가 착각했기 때문이다
먹는 것과 먹히는 것
약한 것과 강한 것
그러나 모든 삶은 단 하나
똑같은 유전자들뿐이다

2

나의 존재

나의 고민

다 같이

단 한 가지 유전자의

에피소드

생물과

돌은

단 하나의 물질

물질과 정신이

하나의 존재로 연결된다

지구와

우주 간의 역사는

단 한 가지 미립자의

알 수 없는

의미 없는

에피소드

무의미의 무의미

유리창 밖으로 보이는 오월 아침

미터가 붙은 길가에 파킹한

회색 자동차

그 지붕에는 플라타너스 가로수의

그림자가 흔들린다

길 건너 노랑빛 판자로 덮인

이충집

그 집 위에 높고 푸른 나무들

그 집 뜰에 몇 개의 하얀 '론체어'¹

그 테이블에 앉아 아침을 먹는 몇 사람들

투명한 햇빛이 노란색 판잣집 벽에 퍼져 있다

인상파 그림같이 투명한 아침

큰 유리창 밖에 버러지와 사는 사람들

아무것도 들리지 않고 오로지 보이기만 하는

유리창 밖

한 폭의 아침 그림

수정보다 투명한 오월이

창 밖 어느 깊은 산천 계곡의

시냇물처럼 흐른다

---

1   정원에서 쓰이는 흰 의자

돌 이야기

가난한 자식들이 돌을 던지고 있었다
분노한 학생들이 돌을 던지고 있었다
돌대가리가 깨어지라 돌을 던졌다

가난한 자식들이 돌을 던진다
억울함을 참다 못해 돌을 던진다
분노한 학생들이 화염병을 던진다
유리병을 던져서 철망을 깨뜨린다

젊은이들이 던지는 분노의 화염병이 터질 때
돌벽을 쌓은 토치카 속에서
누군가가 높은 돌벽처럼 재산을 쌓아 모았다.

데모

나는 혁명가가 되고 싶었다
외롭고 위험하고
잡혀서 고문을 받아도 굽히지 않는

나는 창문을 부수고
수류탄을 던지고
깃발을 휘두르며
거리에 나선 혁명가가 되고 싶었다

던져라 몰로토프 폭탄을
던져라 돌멩이를
우리들의 발길을 묶는
묵은 질서를 향해
부셔라
쳐라
무너뜨려라
분노가 폭탄처럼 터져라

보이지 않는 쇠사슬을 끊어라

보이지 않게 높고
두터운 벽을 향해
돌을 던진다
분노한 몰로토프 폭탄을 힘껏 던진다
보이지 않는 쇠사슬을
우리의 손목을 묶은 쇠사슬을
끊어라

돌을 던진다
최루탄에 아픈 눈을 비비고
총칼에 밀려 쓰러지면서
몰로토프 폭탄을 던진다
붉은
분노의 불길로
썩은 질서를 불태워라
강도들을
쫓아내기 위해서

오징어 같은 에티오피아 애들

시장에 나온
마른 오징어보다 더 큰 눈
더 가시 같은 가슴
오징어발 같은 손과 다리
사막에 쓰러져 누워
그냥 굶어 죽어가는 에티오피아의 애들
하늘을 고발하자
인간을 고발하자
문명을 저주한다
텔레비전 뉴스를 바라보는
우리는 모두 위선자다
우리는 모두 도덕적 죄인
교회의 위선적 문을 닫아라

어떤 소문

아니라고 했다
그렇다고 했다
의심스럽다고 했다
모른다고 했다

소문이 떠돌고 있었다
아주 아득한 옛날부터 소문이
자자하게 들려왔었다
아름다운 소문이었다

별들의 소문
별들을 타고 온 소문이었다
별들처럼 반짝이는 소문
별들처럼 알 수 없는 소문이었다

가랑잎

단풍나무 가랑잎들은
노란 부채를 흔들면서 여름을 보낸다
가랑잎들이 하나 또 하나
가슴의 공지에 떨어진다
알론지 크레파스 같은 가을이
아직도 파란 잔디밭에 모인다
지나간 시간이 쌓인다

여름내 모이를 찾던 새들은
자취도 없이 어디론가 사라지고
가랑잎 덮인 나무벤치 위
살찐 다람쥐 한 마리
아늑한 고요
잊었던 사색들이 다시 모여
낙엽에 물든다

굴뚝 연기

사방 숲과 들은 눈에 덮여 있다
멀리 골짜기 너머 보이는
단 한 채
누군가의 지붕
소리 없이 하늘로 올라가는
굴뚝 연기
짧은 가을 해가 진다

별들 이야기

현시대같이 난해한 낱말들
별들의 이야기는 무엇일까
반짝이는 의미를 따라
빛나는 뜻을 찾아
나는 별똥처럼 떠난다
한없이 깊은 공간으로 사라진다
그 아득한 시초의 뜻
우주의 언어의 의미를 알고자 한다
별들의 숨은 이야기를 들으려 한다
별들이 전하는 이야기들을

바닷가의 어느 사람

그는 바다를 바라보고 있었다
그는 움직이지 않고 갈매기를 바라보고 있었다
그는 파도를 바라보고 있었다
그는 바다 저쪽으로 숨는 빨간 해를 바라보고 있었다
그는 아무 생각도 하지 않고 있었다
그는 어딘가를 뚫어지게 바라보고 있었다

그의 생각은 파도와 같이 부서지고 모래처럼 흩어졌다
그의 마음은 푸른 무한한 공간에 빠져들어가고 있었다

그는 혼자였다

그는 아직도 혼자다
그는 여기서 딴 곳에 있다

외지(外地)

남의 집에 산다

남의 옷을 얻어 입고 있다

남의 말을 쓴다

남의 생각을 한다

남의 느낌을 느낀다

남의 삶을 산다

아무리 해도 거북스러운

나의 존재

고향을 짓는다

걸음을 늦추면서 언뜻 생각에 잠긴다
객지에서 맞는 설날
함박눈이 내리는 남의 나라

고향이 눈을 타고 날아온다
고향 얼굴들이 모여온다

떡국
대추
곶감
세뱃돈
장독에서 짖던 까치
그리고 뒷동산에 묻힌
어머니

낯설은 사람들을 따라 다시 발길 서둔다
아이들이 집에서 기다린다
설날 선물을 기다린다

고향은 감상이 아니다

고향은 과거가 아니다

그것은 희망
그것은 내일

설날 고향을 세우리라
설날 새해를 만들리라

새로운 새벽을 맞이하리니
끝없이 퍼진 땅에서 한없이 푸른 하늘을 향하여
고향의 함박눈이 내리는 객지의 거리
생각의 꽃송이가 머무는 밤
새 고향을 짓는다
함박눈이 내리는 객지의 고향

시어(詩語)

가시 철사같이
얽히고
찔리는
시어들은
아프기만 하고
긁히고 찢어진 그 의미들에
피가 밴다

소외되어 아픈 존재
언어를 읽는 진실
잡으면 찔리고
깎으면 깨지는
시어들이
의미 너머 의미 아닌
의미를 찾는다

바닷가재 그물이 있는 메인주(州) 어부의 집

폭 파묻혀
바위에 부서지는 파도
깨어져도 잠잠하다
푸른 초여름 숲에 가린
골목진 해변가

물결이 치는 바다 위
잿빛 케이프카드형 하나의 목조집
어부의 집 지붕 위
갈매기 두 마리 앉아 있고
산더미같이 한가히 쌓아 놓은 채
햇볕에 마른 바닷가재 그물
그 안에
바닷속
물고기들의 신기한
이야기가 담겨 있다
먼 곳
미지의 바다 이야기들이

친구의 매장(埋葬)

어젯밤 장의사 집에서
안경을 쓰고
분을 바르고
제일 좋은 옷을 입고
관 속에 누워 있던
자네의 모습은
평화로웠다

지금
외국의 공동묘지에
땅을 파고
우리들은 자네를 땅속에
묻는다
잘 가라고
잘 쉬라고
추운 겨울
눈 오는 날

자네가 다시는 돌아오지 않는
자네의 집에 우리가 돌아와서

우리는 쉬지 않고 자네 얘길하며
자네 생각을 하며
내일 일

살아가는 걱정에 잠긴다
우리는 아직 살아 있기에
정말 알 수가 없다

조각난 생각

땅에 떨어져 바싹
산산이 조각난
크리스탈 샴페인 잔과 같이
수없이 많은 생각의
조각난 파편들이
아쉽게 반짝인다
혼자 있는 시간

해탈

해는 동쪽에 떠서 서쪽에 지고
봄이 되면 꽃이 피고
겨울이면 벌레들이 잠들고
밤하늘에 빛나는 별들은
항상 아름답고
지구에는 계속 수많은
애기들이
생명들이 태어날 것이고
우리는 머지않아 죽을 것이고
생명들이 수없이 죽어갈 것이고

객지에서 친구를 묻는다

그는 아직도 때가 아닌데 갔다
그는 객지에서 아주 떠났다

언 땅을 파고
친구를 묻는다
아름다운 마운트 오번 공동묘지
객지의 흙을 덮어
친구를 땅에 눕힌다
객지에서 와서 사는
한국 사람들끼리 모여
두터운 관 위에 한 꽃이
꽃을 던지고
다시 뿔뿔이 흩어지는 조객들은
말이 없었다
아무 말도 하지 않았다

수많은 물음을 물었다
아무 말도 하지 않고 서로 물었다

뉴잉글랜드 숲속의 돌담

깊은 산
숲속
돌담들이 쌓여 있다
잡목에 덮인 채
사슴들이 모여사는
산속 골짜기를 지나간다

돌담에 싸여
밭이 되었던 숲들이
이제 다시
숲이 된 밭이 되어
개척자들의 그림자들도 없고
사슴들이 가끔 와 쉰다

땅을 파던 개척자들의 그림자도 없고
남은 것은 지도같이 그어진 돌담
서로 포개 쌓인 돌담의 돌들을 덮은
파란 이끼들이
그치지 않는
푸른 생각의 꿈을 꾼다

메인주 아카디아 국립공원

구름과
산과 바다와
나무와 파도가
땅과 하늘과
갈매기들과 다람쥐와
물고기와 사람들이
함께 만난다

나는 산정
화강암
절벽에 서서
존재의 찬가를 소리 없이 부른다
나의 가슴은
지구와 그리고 우주와
같은 호흡을 하고
별들의 가락에 맞춘다

어느 날 초여름
아카디아 국립공원
한 산정에 올라

나는 존재의 무의미를 잃는다

나는 모든 것을 만난다

나는 존재한다

존재의 축제

버몬트주를 자동차로 횡단하면서

연둣빛 겹겹진 산들의 바다
초록빛 산맥들의 파도
푸른빛의 들을 누비는 흰 차도
혼자 달려도
또 달려도
연둣빛에 물드는 마음
초록빛에 뛰는 맥박
푸른빛에 쉬는 호흡

연둣빛 파도를 타고 떠간다
초록빛의 샴페인을 마신다
푸른빛에 취한다
저녁 햇빛이 인상파 그림같이
청명한 풍경
푸른 자연의 화폭에 취한다
산이 춤춘다
마음이 춤춘다
나의 피부도 춤춘다
가슴에는 연두색
분수가 솟는다

산이 춤춘다

하늘이 춤춘다

푸른 춤을

그래서 그리고 또

그래서
또 그래서
또

그래서
또
그리고
또

이것과 저것
그래서
또

이곳과 저곳
그리고
또

이때와 그때
그래서
또

이승과 저승
그리고
또

그리고
또
그래서
또

그리고
그래서
또
또

찢어진 날개를 펴고

하늘을 향해 높이 날수록 그만큼 더

땅 밑에 떨어진다

산산이 깨어지는 생각들

순수한 마음들의 수없이 많은 상처

언어 없는 아픔의 신음소리

무심한 하늘의 흰 구름들은 역시 아름답고

오월의 신록들은 역시 투명한데

초월하려는 별들의 사고는

비바람 치는 밤의 어둠 속을 헤맨다

찢어진 날개

언어를 잃은 생각의 논리

어둠의 동굴에서

빛을 더듬어 찾아 헤매는

삶의 이방

진흙 속으로 떨어져도

하늘로만 치솟는 찢어진 날개

어둠의 한 줄기 빛을 찾아

땅에 떨어지면 또

난다

찢어진 날개를 펴고

천안문의 저항

최루탄에 쓰라린 눈물
분노로 눈물을 씻으며
우리는 물러서지 않는다

부셔라, 죽여라
총알에 쓰러지면서
몰로토프 화염병을 던진다

몇 대의 탱크 앞에
알몸으로 맞선 분노
더 이상 양보할 수 없는 싸움

우리는 젊음에 띈다
우리는 삶에 취한다
우리는 저항과 환희를 외친다

몇 대의 탱크 앞에
알몸으로 맞선 분노
더 이상 양보할 수 없는 싸움

우리는 젊음에 뛴다

우리는 삶에 취한다

우리는 저항과 환희를 외친다

시의 범죄

아파서 시를 쓴다
가난해서 시를 쓴다
분해서 시를 쓴다
약해서 시를 쓴다
어두워서 시를 쓴다
무기가 없어 시를 쓴다

시는 아프지 않다
시는 가난하지 않다
시는 분하지 않다
시는 약하지 않다
시는 어둡지 않다
시는 무기가 아니다

시는 언어다
시는 아름다운 의미다
아름다워서
시는 아름다운 범죄를 짓는다

참여시

자유를 달라는 억압된 민중들이
말을 하다 잡혀 들어갔다
시인은 자유를 달라는 민중이
데모를 하다 잡혀 들어가는
감동적 시를 썼다
그러나 시는 잡혀 들어가지 않는다

정의를 부르짖는 억울한 약자들이
저항을 하다 거리에 쓰러졌다
시인은 정의를 부르짖다
쓰러진 약자들을 주제로
분노의 시를 썼다
그러나 시는 거리에 쓰러지지 않는다

일해도 또 일해도 가난한 백성들이
큰 창고 속에 썩어가는 쌀을 꺼내려다 총알을 맞는다
시인은 총알을 맞아 쓰러진
깡마른 백성들의 시를 썼다
총알에 맞는 시를 썼다
그러나 시는 총알에 맞아 죽지 않는다

뉴잉글랜드 해변에서
다람쥐와 갈매기와 나와

다람쥐 하나

수없이 날아온 갈매기

내가 들고 있는 빵조각을

서로 다투어 먹는다

북극으로 가는

대서양 해변가

꿈꾸는 외딴집

돌담이 보이는
짙은 숲속
호수가 보이는 계곡
외딴 뉴잉글랜드의 목조집

혼자 살고 싶다
혼자 생각하고 싶다
정말 깊은 사색에
혼자 잠기고 싶다
외딴집 속

산새들과
사슴들과
버러지들과
혼자
열심히 존재하고 싶다

뉴잉글랜드의 깊은 시골

아직도 조용한 곳이 있다

아직도 아름다운 곳이 있다

아직도 푸른 곳이 있다

아직도 자연이 있다

아직도 꿈자리가 남아 있다

아직도 쉴 자리가 있다

멀리서 들리는 땅

사방
푸른 산들은 끝없이 뻗어 있다
뉴잉글랜드의 한 산정
나는 역시 이방인
조국의 붉은 아픔이
푸른 산에 스며난다
한없이 조용한 산정에
소리 없이 들리는 서울 거리의
삶의 아우성 소리

하나의 비전

나날이 코를 찌르는
쓰레기가 사방
산더미같이 쌓여
마을을 차지하고
사람들은
쥐들에 포위되어
갈 데 없이 몰리고 있다

아직도 별들은

개이지 않는 생각에
지친 공해
끝없는 밤을
헤매는 의식의 그림자들
그러나 언젠가
아직도 별 하나
반짝인다
아득히 먼
밤하늘 먼
저쪽

얼마 남지 않은 시간

얼마 남지 않았다
영원한 시간이
저녁은 강을 건너오고
넘어가야 할 산
얼마 남지 않은
삶의 시간이 사라진다

생태학

송충이 벌레가 별에 매달려 갉아먹는다
별의 빛을
연둣빛 피가 짙게
피부에 번진다
헐은 생각들이 시궁창에
썩고
이미 온 사람들의 가슴이
쇼윈도에 매달려 냄새를 쏜다
깡통과 쓰레기가 떠 있는 바닷물
물고기들이 죽어 떠 있다
뜨거운 햇빛에 메마른 산들이
앙상한 나무들만 남겼다
산새들과 산짐승들이 서로 잡아먹고
오염된 고기가 모이를 먹고
골짜기 물가에 쓰러져 죽는다
깡통과 플라스틱 봉지로
더럽혀진 마을들은
술에 취한 젊은이들의 깨어지는 음악에
귀를 막는다

갈 데가 없이
누군가를 부르고 싶은 지구
하늘은 누군가를 찾는다
마지막 구원의 손길을

귀가

수없이 많은 이방어들은
한결 무의미로 돌아가고
우리들은 예외 없이
땅으로 돌아간다
물줄기를 따라
새싹이 트고
버러지들이 우물거리는
흙으로 돌아간다

별들만이라도

존재는 누군가의
나는 무엇인가의
보이지 않는 어떤 것의
도구에 지나지 않는가
알 수 없는 뜻을 가진
이해할 수 없는 뜻을 위해
사용되는 도구
하나의 과정에 지나지 않는가

아무래도
크나큰 보이지 않는 흐름의
한낱 과정에 지나지 않는가
사물들은
우리들은
나의 삶
나의 의식
너의 자유
우리들의 싸움과 죽음은
한낱 보이지 않는 과정에 지나지 않는가

별들은 어떤 비밀을 알고 있을까

별들만이라도

지구의

그 위에 일어나는 사건의 의미를

정말 별들만이라도

이 존재의 비밀의 의미를 알고 있을까

몇 가지 언어를 지껄여도

그 언어의 의미를 모르겠고

지구를 돌며 세상을 알아봐도

정착되지 않고 방황하는 마음이라

수많은 책을 읽었는데

신념, 아무 신념도 잡히지 않는 공허뿐이다

하나만의 신념도 없는 삶

어느덧 삶의 저녁은 다가온다

우리는 존재하지 않고

나도 존재하지 않는다

나와 너

우리들은 다 같이 흐름일 뿐이다

서로 연결된 하나의 마디일 뿐이다

찾으면 찾을수록

의미는 흐려지고

생각하면 할수록

현상은 어두워지고

의식은

사과 속의 벌레

그 벌레가

삶이라는 사과의 속을 파먹는다

존재의 의미를 밝혀줄

별들은 없는가

정말 단 하나의 별이라도 없는가

병든 땅

산새들의 고향이
수출 공장으로 바뀌어
갈 곳이 없이
새들은 연기에 덮여
하늘에서 오염에 죽는다

플라스틱 찢어진 봉지에
덮인 들과 강물
물고기들이 죽어 물에 떠 썩고
산속에는
사슴과 다람쥐가 독이 밴 풀을 먹고
비틀거리며 골짜기에 쓰러진다

비싼 값에 팔린 상아뼈가 빠진
코끼리들이
아프리카 초원의 뜨거운 햇빛에
썩는다
골짜기에 쓰러져 썩는다

병든 지구가 죽어간다

아무도 없는가 분노의 고함을 치는 사람은

문명의 병에 걸려

인간이란 병에 걸려

푸른 지구가 병들어간다

벌레 먹은 사과

의식은

빨갛게 익은 사과 속

사과 살을 파먹는 벌레

삶은 벌레 먹은

사과

병든 빨간 사과

의미 없는 사건

별들의 파편

밤하늘
발기발기 찢어진 의미
사방으로 흩어지는 생각
분산된 언어는
깨어진 별들처럼 반짝이는
밤하늘 질서를 허문다
파편처럼 뿌려진
별들의 이야기

벌레들은 계속 번식하고
짐승들은 계속 교접하고
사람들은 계속 죽고
계속 또 태어나 번지리라
끝없는 시간의 공간을
떠가는 땅 위에서

철학가들은 계속 생각하고 따지고
시인들은 계속 고민하고 시를 쓰고
의미가 없는 생각들을
의미가 없는 언어들을

의미의 의미는 존재의 빛

존재의 어두운 심연의 하늘에

별들의 파편 같은 의미의 빛이 반짝인다

존재의 밤하늘

의미 없는 시를 쓴다

무릇 존재하는 것들의 사건
그 사건 가운데의
의미 없는 사건
의식은
스스로를 벌레처럼 학대하는
의식은 돌아가 쉴
잠시라도 눈감고 쉴
마음의 집이 없다
마음은 헤맨다
끝없이 넓은 방향 없는
빈 공간을

가짜 같은 삶
마스크 같은 생각
의식의 탈을 벗을 수 없을까

의미 없는 낱말을 나열한다
의미 없는 시를 쓴다
파편 같은 시를 쓴다
깨어지는 의식의 조각돌들

별들의 질서

별들과

핵들의

똑같이 아름다운

질서와

의미의

뜻의

무한한 무질서와

그리고 존재의

무질서와

인간의 고독과 아우성 소리와

끝없는 공백

낯설음

땅도 낯설고
산도 낯설고
바다도 들도 낯설고
언어도
사람들도 낯설다
어디를 가도 낯설고
어느 때도 정말 낯설고
친구도 낯설고
아내도 자식도 낯설고
나 스스로도
그냥 낯설기만 하다
존재하는 것들은
악착같고
존재하는 것마저 낯설다
남의 집 같은 나의 삶은
낯선 별하늘을
잠 못 들어 헤맨다
내 얼굴이 낯설다
내 피부도 거북하고
내 존재가 낯설다.

『울림의 공백』 초판 서문

외형상으로 나는 현재 불평할 것이 없다. 나는 극히 단순하고 조용한 나날을 보내고 있다. 나는 수많은 것들의 아름다움에 언제나 신선한 감동을 느끼고 흔히 황홀해한다. 간혹 가다 인간에게 혐오를 느끼기도 하지만 인간의 도덕적 혹은 지적 성취에 경의와 존경심과 압도감을 금하지 못한다. 나는 작은 일에 웃음을 터뜨리고 인간의 많은 일에 찬미를 감출 수 없다. 나는 또한 인간의 도덕적 악에 분노할 줄 안다. 나는 마음으로 몰로토프 칵테일을 던지며 분노한 약자들과 거리에서 뛰고 있다.

그러나 마음의 심연 속에서 나는 아직도 헤매고 있다. 나는 나의 모든 존재의 궁극적 의미를 찾지 못하고 있다. 나는 아직도 무의식의 시궁창 속에 빠져 그곳에서 벗어나려고 허우적거리고 있다. 얼마 전까지만 해도 이만 한 나이가 되기 전에 그런 시궁창에서 벗어날 수 있다고 믿었다. 그러나 아직 나의 형이상학적 하늘은 회색빛으로 덮여 있고, 나의 철학적 땅은 끝없이 가라앉는 시궁창인 채 있다.

여기 네 번째 내는 작품들은 지난 2년 동안 형이상학적인 니힐리즘에서 빠져나가려고 애써온 몸부림의 흔적이다. 이 작품의 발표가 나의 정신적, 아니 종교적 승리로 통하는 계기가 되었으면 한다.

10여 편이 미주에서 발간되는 문예지에 발표되었지만 그밖의 것들은 여기서 처음으로 햇빛을 보게 된 것들이다.

이 시집을 마련해준 민음사의 박맹호 사장님께 고마운 뜻을 전하고 싶다.

1989년 7월 미국 케임브리지에서

5부
—
아침 산책

뉴잉글랜드 여름 풍경의 기억

뉴햄프셔주 그리고 버몬트주
산들이 높고 하늘도 높다
숲이 푸르고 녹음이 맑다
뉴잉글랜드는 낭만적 서정시

산골짜기에 작은 동네가 곱다
숲속에 드문드문 작은 목조집들의 페인트 색이 밝다
모두가 정갈하고 조용하다
동화만 같은 뉴잉글랜드

뉴잉글랜드 산속 한 외딴 마을에
집을 짓고 살고 싶다
뉴잉글랜드 숲속 외딴집에서
시를 쓰고, 사랑도 하다 죽고 싶다

가을의 시골 주유소

어느 주말
이국 땅 시골
골목길

어느 한적한
주유소
성조기가 휘날린다

코발트 높은 하늘
뉴잉글랜드의 늦가을
꽃무늬 같은 단풍

한국인 하나
차에서 내려
혼자 차에 기름을 넣는다

어느덧 산 너머 지는 해
돌아가는 곳은
텅 빈 아파트

맥도널드 햄버거 집
화장실에서 손을 씻고
종이컵에 커피 한 잔 마신다

언뜻 거울에 비친
낯선 내 얼굴
객지 벌써 30년
어떻게 살다 보니
벌써 백발

깜짝 혼자 놀라면
누런 나의 얼굴빛
변함이 없다

함박눈에 덮이는 뉴잉글랜드의
어느 시골 저녁
내 서투른 영어처럼
내게도 어색한 나의 그림자
갑자기
무덤 속 아버지를 생각한다

갑자기 드는 생각들

갑자기
내게 자식이 없음을 의식한다

갑자기
내가 칠순이 넘었음을 상기한다

갑자기
나 자신의 죽음을 의식한다

깜짝 놀람

언뜻

나는 의식한다
내가 잠을 잘 자게 됐음을

어느덧

나는 의식한다
내가 늙었음을

깜짝

잠이 깬 밤중
책상 앞에 앉아 밤을 샌다

자기반성

땅을 일구어 곡식과 과일을 생산하는 농민들이나
기계를 돌려 물건을 제조하고
벽돌을 쌓아 아파트를 짓는 노동자들을 보면
생각만을, 아무리 귀중하고 어렵다지만 생각만을 일구면서
편안히 사는 철학자, 나는
미안함과 고마움을 느낀다.

인간의 불공평함과
사회의 불평등함이 어쩔 수 없다면
누구의 잘못일까
무엇이 잘못 됐나
전지전능하신 당신의 잘못인가
하나님은 말씀이 없으시다.

고국의 변한 모습을 조금 보고 나서

저 많은 공장
저 많은 비닐하우스
저 많은 아파트
저 많은 자동차
저 많은 상품들
저 많은 사람들

그리고 저 푸른 산들
고국은 이제 내가 태어나고, 자라고 알던
그런 나라가 아니다

물론 아름답기만 하진 않다
물론 좋기만 하진 않다
물론 착하기만 하지 않다
물론 공기도 고약하다
물론 바다와 강물이 썩는다
물론 사기꾼이 많다
물론 가짜가 많다
그리고 그 많은 사람들
고국 사람들이 흘렸던 그 많은 피와 땀

그러나 이만큼의 변화

그러나 이만큼의 풍요

그러나 이만큼의 발전

그러나 이만큼의 생명력

그러나 이만큼의 의지

그러나 이만큼의 노력

그리고 누가 뭐래도 가난했던 형제들

고국의 일꾼들은 정말 많은 일을 했다

정말 큰일을 해냈다

나의 조국, 나의 형제들, 나의 동포들

더 기억에 남는 사람들

친했던 옛 친구들? 아니
더 기억에 남는 사람들은
가령 6·25 때
일선에서 누군가의 총에 쓰러진 중학 동창들이다

달콤했던 첫사랑? 아니
더 떠나지 않는 생각은
가령 소말리아 사막에서
나뭇가지처럼 굶주린 그 많은 아이들의 눈들이다

부끄러운 고백

미워하는 놈들
물론 고약한 어떤 놈들이
자동차 사고나 암 같은 병에 걸려
고통을 당하거나
아니
죽었으면 하고 순간적으로나마 생각하는 때가 있었다.

그럴 때면
나는 남보다 내가 더 밉고
남보다 내가 먼저 죽고 싶다
나를 먼저 죽이고 싶다.

남이 살고 있는 고향집

50년 전 떠났던 고향
그때보다도 더 초라해 시골 마을
한적한 동네 한복판

궁전같이 크기만 했던 기와집은
아버지가 태어나고
그리고 또
우리 형제자매가 태어나서 어머니의 젖을 먹고 자랐던 곳

증조부가 묻힌 뒷동산은 더 울창한데
거의 쓰러져가는 고향집엔
낯도 이름도 모르는 사람들이 산다

가을 하늘

백발의 사색에는
아직도
텅 빈 어둠이 차 있는데

시골 돌담 너머 매달린
감 몇 개 익고 있는 날

가을 하늘은 아무리 봐도
크고 무한히 곱다
한없이 충만하다

시골 돌담 뒤 감나무

돌담 뒤 묵은 감나무
거기 매달린
감 여러 개

청아한
주홍빛

감이 익어가는 한국의 가을
맑고 조용한 주홍빛 한국의 마음

더 푸른 무덤의 잔디

작년에 묻힌 아버지
당신의
무덤

거기 당신의 살로
더 푸른
잔디

어머니의 매장

어머니의 관이
막걸리에 얼큰한 인부들의 어깨에 얹혀
한마디 말씀도 없이
후미진 산으로 올라간다.

하루에 열 번 이상을 새 물로 손을 씻고 또 씻으시던
어머니, 우리 어머니는
땅속에 내려지자
삽으로 퍼붓는 흙으로 덮였다.

어머니를
혼자
산속에 버려두고
나는
옷에 묻은 흙을 털며

밤이 세상을 덮기 전
소나무 숲
험한 가시밭길을 헤치며
서둘러 마을로 내려온다.

그날 밤 나는

잠을 이루지 못한 채

대답이 없는 존재의 수수께끼에

무겁게 덮인다.

어머님 성묘

무덤 속에서
어머니는 이제
흙이 되시고
풀이 되시어

나는 잔디 위에
엎드려
절한다

"어머니."

조용히 불러도
들리는 것 산새와 솔잎 사이를 지나가는 바람소리뿐
보이는 것은
잡초에 덮인 흙더미뿐

산 너머 푸른 하늘
떠가는 흰 구름
어머니
당신의 얼굴

고국의 늦여름 주말 드라이브

1

언제 한국이 이렇게도 푸르렀던가
언제부터 우리 산과 들이 이처럼 풍요한 녹음이었던가
언제부터 조국의 산천 이렇게도 아름다웠더냐
언제부터 이 땅의 시골이 이처럼 깨끗할 수 있었던가

달리고 또 달리고
꼬불꼬불 가고 또 가도
산과 들엔 초록색 또 초록빛이 넘쳐 흐르고
내 생각, 내 느낌, 내 의식, 아니
내 모두가 이 초록으로 물든다
문경새재를 넘어 단양으로
처음 가는 길
아름다운 우리의 자연

전쟁의 상처는 어디 있었나
가난과 고통은 어디로 갔는가
그 오두막 초가집들은 어떻게 없앴는가
그 진흙 논길들은 어디로 사라졌는가

밭고랑 사이 포장된 시골 길가
우뚝 서 있는 흰색 주유소의 빨강 페인트칠에
더욱 신선해지는 초록빛 시야
어느덧 초록으로 넘치는 나의 가슴
푸른 주말 드라이브

2
시골길도 메우는 자가용 차들
새로워지는 한국, 한국의 땅
우린 이제 딴 나라에 산다
헐벗은 산은 보이지 않고
초가집 대신 고층 아파트
산골짝에는 새 공장

시골이 없다
기억이 없다
과거가 없다
쉴 곳이 없다

내가 알던 나라는 없고
딴 나라

강물이 썩어 붕어가 죽는단다

냇물이 말라 썩는 내

바다도 썩어 바다가 죽어간단다

발전한 나라란다, 아! 나의 모국

하나뿐인 내 나라, 하나뿐인 내 고향

구석마다 빈 깡통, 찢어진 비닐봉지, 플라스틱 종이

곳곳마다 가득한 쓰레기

3

메뚜기가 보이지 않는 초가을 논두렁

개구리의 울음소리가 들리지 않는 논

참새들은 어디로 떠났는가

잠자리는 어디로 갔는가

논에서 우렁이 잡던

어릴 적 시간은 어디론가 사라진

지금은 남은 것은 오직 추억뿐

과학자들과의 주말 등산

—포항에서

다리가 아파지고 숨이 차도 올라갈수록 좋다

잡초를 헤치고 바위틈을

땀을 흘리며 올라갈수록 즐겁다

도시, 더욱 한국의 도시는 멀리 떠날수록 좋다

시골 마을도 지나갈수록 즐겁다

들어갈수록 짙은 초록빛 들

올라갈수록 퍼지는 하늘 아래 생동하는 녹음

혼자라도 신난다

과학자들과 함께 가도 좋다

과학자들과 함께 가면 더 좋다

오솔길 따라 산으로 가면 신난다

과학자들이 등산을 즐긴다

산꼭대기 바위 위에 서면

사방으로 터진 환한 시야

산맥들의 파도는 출렁이고

땀을 말리는 산정 바람은 자연의 음악처럼 들린다

어느 초가을 오후

보이진 않아도 영원을 향한 초월적 자연이 보인다
자연은 수학자의 숫자만은 아니다
존재는 물리학자의 원자만도 아니다
세계는 엔지니어의 기계만도 아니다
자연은 자료만이 아니다
몰라도 알 수 있는 존재를 피부는 안다

아름다움의 녹음
초연한 산맥들
산봉우리에서 우리는 해방된다
다 같이
시인도 과학자도 자유를 얻는다
산정에서 느끼는 조용한 환희

과학자들이 시인보고 시를 읊으라 한다
시인이 못하겠다고 대답한다
그냥 그것이 그대로 시라고 말한다
등산가는 모두가 시인이라 한다

언젠가 정말 좋은 등산에 관한 시를
꼭 써야겠다고 시인은 혼자 결심했다

쓸 수 없음을 이미 알고 있지만
꼭 쓸 수 없기에 그렇게 다짐했다

푸른 하늘에 떠가는 흰 구름 쪽지
어디에서인가 들리는 산새 소리
최고의 첨단 과학자들
이 모두 함께 어울려
알고도 알 수 없는 또 하나의 깊은 질서

써질 수 없는 하나의
크나큰 시
마음속에
과학자들도 함께 시를 쓴다

어느 여인의 오순을 위하여

10년이 지나도
학희야
오순이 되는 여인
당신은
희고
가냘픈
한 마리
학

긴 목엔
검은 머플러
그냥 그때 그대로

어느 황량한 들
혼자
서 있던
길고도 가냘픈 네 다리
어딘가를 바라보는
한 마리 사슴

당신은 지금
그냥 그대로
오순을 맞는 여인
당신은 나의
하나뿐인
아내
맑고 깊고 시원한 당신의
큰 두 눈 속
푸른 하늘을 흘러가는
흰 가을 구름

어제만같이 생기 찬
우리 함께, 우리끼리만의
10년
학아
사슴아
오순의
아내야
오래 보람 있게
마누라야
아주 오래
함께 살자
행복하자

당신은 보신 적도 없는

당신은 보신 적도
없는 당신의 막내 며느리와
흰색 새로 산 자동차 캐피탈을 몰고
동해안 녹음 진 해변을 누비면
미군이 탄 지프차를 부럽게 바라보기만 하시던
어머니 저는 자꾸
당신을 소용없이 부르기만 합니다

당신은 보신 적도
없는 당신의 며느리와
백발이 되어 이제야 돌아와
동해 어느 어촌, 멀리 건너온 바다를 바라보면
같이 살자고 기다리기만 하시던
아버지 저는 자꾸
돌아오시지 않는 당신을 헛되게 기다리기만 합니다

38선의 짙은 녹음

우거진 숲
짙은 녹음
넘치는 생명

그 많이 쓰러진 병사들의
빨간 피와 젊은 살이 거름이 되어
죽음이 환생해서인가

미움도 이유도 모른 채, 이름도 없이
서로 가슴에 총알을 쏘아 죽이고 죽어 사라진
젊은 그리고 나이 어린 수많은 병사들
국군, 인민군, 먼 이국땅에서 시체가 됐던 중공군, 유엔군

숨어 있을 짐승
겹겹이 둘린 철조망 가시의 삼엄한 고요
이따금 들리는 산새들 소리
서로 총을 겨냥하고 말없이 순찰하는
국군, 인민군, 미군, 유엔군

가을 하늘을 바라보면

벼 이삭을 스치며
들길을 걷다
가을 하늘 바라보면
무조건 날아 올라가고 싶다
흰 구름처럼
아무 데라도 가고 싶다
그저
떠나고만 싶다

언뜻
추한 것까지 모두가 아름답고
넓은 가을 하늘과 같이
우주가 활짝 꽃피는 그런 때가 있다
그런 때면
나는 이유도 없이 그냥
행복하다
무의미한 나의 존재도
모든 것이 아름답다
그것이 아주 무의미하더라도

일산 홀아비 두루미

만주서 온 두루미 한 쌍
일산 공원 철로 만든 새장에 갇힌 지 3년째
암놈이 죽어
혼자 남은 두루미
수놈 한 마리 혼자 산다
벌써 또 3년째, 깼을 때나 잘 때나 발로 서서

언제 봐도 혼자
눈물도 없고 말도 없이
상대도 없고 갇힌 채
혼자 홀아비로 산다

크고 점잖고 목과 다리가 긴 두루미 한 마리
깨어 있을 때나 잠을 잘 때나
언제나 서서 사는 얼굴과 꼬리가 검은
만주서 왔다가 혼자 남은 두루미

일산 호숫가 아침 산책

이른 아침부터 공원 호수를 끼고 산책하는 이들 많다
힘들여 뛰는 이들
부지런히 팔을 흔들며 햇빛을 가리는 모자를 푹 눌러 쓰고
주먹을 쥐고 열심히 걷는 젊은 여인들
자전거를 타고 도는 이들도 있다
애완 강아지도 뛴다

운동 삼아
오래 살려고
공기가 맑으니까
호수의 자연이 좋으니까
근래 심은 높은 적송, 전나무, 자작나무 그리고 동백나무들로
호수의 풍경이 더 흐뭇해졌으니까

나는 아침마다 일산 호숫가를 돈다
건강을 위해서
바람을 쐬느라
녹음이 좋아서
호수 물이 좋아서
자연과 하나가 되려고

일산 신도시

빨간 신호등
골목마다 피시방 그리고 또
건너편 빨간 등, 피시방,
장국집, 해장국집
똥돼지 불고기집
노래방과 러브호텔
먹고 놀 곳이 많다

동마다
단지마다
거의 아파트마다 지붕 위
밤하늘에 새겨진
환한 십자가
화려한 네온사인
기도하고 종교심이 깊다
정말인가? 문제인가?

일산 주엽역 광장에서 본 아줌마와
비둘기들 풍경

비둘기는 사람을 무서워한다
하지만
일산 주엽역 광장의 비둘기들은 아줌마를 따르고,
주엽역 광장 아줌마한테 그곳 비둘기들은 한 식구가 된다.
수도승 성 프란체스코에게 아프리카 사막의 짐승들이 그러했
듯이.

아줌마는 아스팔트 바닥에 말없이 비닐종이를 깔고
비닐봉지에서 쌀, 빵 부스러기를 꺼내어 넣어놓으면
어디선가 수많은 비둘기들이 아줌마의 어깨 너머로 낙엽처럼
날아와
아줌마를 둘러싸고 아줌마의 손등, 아줌마가 들고 있는 비닐봉
지 위에 앉아
허기진 듯 모이를 정신없이 찍어 먹는다.
마치 엄마가 차려놓은 밥상에 둘러앉은 굶주린 아이들이 하
듯이.

비둘기는 사람을 보면 도망친다.
하지만

일산 주엽역 광장의 비둘기들에게 아줌마는 그들의 엄마이고
주엽역 광장 아줌마한테 그곳 비둘기들은 자식과 같다.
수도승 성 프란체스코에게 아프리카 사막의 짐승들이 그러했
듯이.

한 친구의 장례식장에서

친구는 막 떠났다
몇 시간 전 그는 마지막 숨을 거두었다
아직 아무 문상객도 없다
물론 그 흔한 '근조'라는 글씨를 단 화환도
아직은 없어 쓸쓸하다
첫날이다

몇 안 되는 가족이 막 차려놓은 병원 영안실
나는 나를 내려다보는 그의 사진 앞에
흰 국화꽃을 달랑 놓고
분향을 하고
두 번 절을 한다
몇 달 전까지
일산 공원을 거닐며
늙어서 요양소에 갈 이야기
죽을 때 고통 없어야 하겠다는 이야기
정치 이야기
집값, 생활비 등에 관한 이야기
돈 걱정을 함께하던
그는 지금 말없이 조상하는 나를 내려다보고만 있다

둘째 날 저녁
문상객들이 영안실 방
맥주 또는 소주를 마시며 덕담을 나눈다
친구, 대학에서의 제자들이 찾아와
덜 쓸쓸하다

하지만
떠나는 사람은 언제나 혼자다
그는 떠났다
그리고 우리 모두
우리 모두는 각자
자신의 그러한 날을 기다리며
먼저 간 친구를 애도한다
영안실은 언제나 쓸쓸하지만
언제나 엄숙하다
우리는 모두 떠난다
내세를 믿든 안 믿든

지하철에서

깜깜한 땅속을 전차가 달린다

서로 떨어져 있고파 하는 이들도 있다
어떤 이는 졸고
어떤 이는 무가지 신문을 뒤적뒤적 읽고
어떤 이는 반대편 사람을 보면서 보지 않으려고 하며
어떤 이는 휴대폰을 들고 큰 소리로 이야기하며
어떤 이는 무료한 시간을 지루해하며
서로 포옹하는 젊은이들도 있다

깜깜한 땅속을 언제 빠져나갈 것인가

식당에서

모두 먹는다
허기지게 먹는다
가족이 모여

모두 먹는다
맛있게 먹는다
친구들이 모여

모두 먹는다
행복하게 먹는다
애인과 만나서

혼자 와서 혼자 먹는다
이야기 나눌 이도 없이
혼자라도 맛있게 먹는다

먹어야 살고
살아야 먹는다
아름다운 식당 풍경

부엌

먹고 난 식기들
먹다 남은 음식들
음식 찌꺼기
음식 쓰레기
보통 쓰레기

설거지하고 난 후
씻은 식기들
젓가락, 수저
그것들의 가지가지 색깔
그것들의 가지가지 형태

부엌 풍경이 너절해도 따듯하다
부엌 모양은 어지러워도 아름답다
부엌은 생생하다
삶이니까

침대에서

편하다
포근하다
따듯하다

편안하다
쉬고 싶다
꿈이다

음탕하다
뜨겁다
행복하다

괴롭다
사유한다
창조한다

어린 아기와 함께 있는 어린 엄마

아기인 줄 알았는데
엄마일세
벌써 엄마 됐네

아기가 아기의 손을 잡고
아이스크림을 먹고 있네

아기인 줄 알았는데
아기를 안고 가네
장난감 가게로

아기가 아기에게
야단을 하네
가르쳐주는
공부하라 타이르네

재인이와 장난감

재인이가 말하네
"할아버지 , 장난감 사주세요!"
재인이가 할아버지의 손을 잡고
장난감 가게에 가네
그럴 때면 할아버지는 행복하네
그럴 때면 재인이가 말하니까
"할아버지, 많이많이 사랑해요!"라고
할아버지가 재인이의 손을 잡고
장남감 가게로 가네

계절의 변용(變容)

1 봄

바람이 봄을 불어오면
흙은 새싹을 솟아내고
풀과 나무
들과 산은 연두색 옷을 입고

2 여름

초록의 혈기
젊은 지구
풍성하다
왕성한 삶의 맥동

3 가을

마티스의 화려한 화폭의 잔치
색깔로 변신한 지구의 축제

새댁같이 에로틱한 단풍의

4 겨울

침묵의 언어
명상의 심연
시간의 깊이
공간의 꿈

자연의 시적 변용

시인의 의식이 닿는 모든 존재를 언어로 바꾸어
자연 전체가 하나의 담론이 되어 의미를 갖고
시 속에서 꽃과 똥 모든 것이 시로 섞이고 변해서
하나의 작품이 되어 어떤 의미를 가지듯이
무의미한 물질이 의미 있는 언어로 변용된다
마치 산상에서 그리스도가 변용變容했던 것처럼

가짜

나는 내가 아니고 딴 놈이다
나의 몸, 나의 옷,
나의 얼굴, 나의 옷, 나의 말, 나의 생각, 나의 느낌, 나의 행복은
나의 것이 아니고 모두 남의 것들이다
산은 산이 아니고 물은 물이 아닌 것처럼

내가 가짜인 것처럼
너도 가짜이고
네가 가짜인 것처럼
모두가 가짜이다
우리 모두
존재하는 모두는
다 같이 이태원 시장

나는 남의 옷을 입고
나는 남의 생각을 하며
나는 남의 얼굴을 하고
나는 남의 말을 하며
나는 남의 집, 남의 땅, 남의 시대에 산다

우리 모두가 외국인

실향민

무주택자

너도 그렇고 저도 그렇고, 우리 모두

모든 것이 그런 것처럼

내가 거북하다

사람들이 불편하다

삶이 거북하다

존재가 쑥스럽다

포스트모던 이미지

생선 눈알을 빼 먹었다가
플라스틱
녹슨 부속품을 잉태한
처녀
샴페인 거품이 넘치는
흰
잔 높이 들고
어느 서정시 한 구절을
외운다

한 사슴의 죽음

배고파 쓰러진 한 마리
사슴의 그 큰
아니 두 눈
그 시체가 나무 밑에
썩고 있었다

어디선가 사람들이 와서
파리 떼에 덮인 사슴을
땅을 파
흙으로 덮었다

아프리카의 아름다운 동물의 세계

치타는 잡은 톰슨가젤을 잡아 죽이고,

하이에나 한 마리가 치타한테서 빼앗은 그 사슴을 물어뜯고,

리카온 떼들이 하이에나한테서 빼앗은 그 사슴을 찢어 허기지
게 먹고,

호랑이는 리카온 떼를 몰아내고 사슴의 뼈까지 부숴 굶주린 듯
뜯어 먹고,

검은 독수리 떼는 호랑이가 먹고 떠난 자리에서 찌꺼기 살을 파
먹는다.

어느 악몽

어쩐 일로 나는
모래산 꼭대기에서
깊은 바다가 내려다보이는
절벽으로 자꾸 미끄러져 떨어지고 있었다
나는 어느덧 벌거벗고 있었다
밑도 가리지 않은 여인들이
달빛 속
바닷가에서 춤추고 있었다
나는 부끄러워 어쩔 줄을 몰랐다

시간이 되어
아무리 찾아도 내 신발은 보이지 않았다
증명서도, 지갑도, 비행기 표도 없었다
나는 맨발,
나는 알몸,
나는 혼자
뛰고 뛰어봐도 떨어지지 않는 발목
밝아도 어두운 삶의 객지
나는 헤매고만 있었다

집으로 가는 길도 잊었다
아무것도 기억나지 않는다
집 주소
전화번호
내 이름도

호킹의 블랙홀에 부쳐서

우주의 빛을 모두 흡수하는
블랙홀의 영원한 밤
거의 물질로만 환원된 호킹의 육체
그 어둠보다 밝은
한 천문학자의 의식

별들처럼 흩어진
사물들의 측정할 수 없는 혼돈
거기 별같이 반짝이는
무수한 핵들의 비밀
그것들의 궁극적 질서의 의미

아무것도 없는 것밖에 없는
무한한 공백
그 공백보다 더 가득한 충만
어둠과 빛 탄생과 죽음
유한한 존재들과 사건들과 그 아름다움으로

미리 본 문명의 황무지

생명은 어디 갔는가, 봄이 돌아왔는데도
들에는 풀들의 싹은 보이지 않고
나뭇가지에는 꽃이 피지 못하고
걸어보아도 고향의 논과 밭의 둑에는
단 한 번의 벌레소리도 들리지 않고
철새들도 돌아오지 않는 강변에서
코를 찌르는 물고기 썩는 냄새

언제부터인가 짐승의 그림자도 없어진 산속에는
밀렵꾼들의 덫에 걸려 죽은 산토끼와 노루가
네 다리를 하늘을 향해 뻗고 누워 쓰러져 있고
농약을 먹고 죽은 두루미와 매 몇 마리가
산성비를 맞아 죽은 나무 밑에서 개미들의 밥이 되고 있다

젊은 아내들이 정박아를 낳기 시작한
원자력발전소 근방 농가에서
소들은 다리가 셋인 송아지를 낳고
그 마을 미루나무 위 까치집에서는
목이 둘 달린 새끼가 알에서 부화되어 나왔다

어디를 둘러보아도

어선들이나 무역선들은 한 척도 떠 있지 않고

납덩어리같이 응고된 바다의 수평선에는

빈 플라스틱 깡통과 먹다 남은 음식 찌꺼기,

빨간 생리대와 때 묻은 팬티 등의 쓰레기가

눈알이 빠진 고래와 목이 잘린 상어만이 깔려 있다.

독약 같은 산성 바람이 몰아치는 언덕에 서서 멀리 바라보는

바다는 우주비행사가 걸어본 달의 표면보다도

더 삭막하다.

숨을 쉬면 독가스로 차는 폐

물을 마시면 독물로 적셔지는 목

아! 우리 하늘,

아! 우리의 땅,

아! 우리의 지구.

우리의 생각은 컴퓨터에 찍힌 글자

컴퓨터로 계산할 수 있는 소녀가 느끼는 첫사랑

아무리 둘러봐도 끝없이 퍼진 사막같이 메마른 우리들의 가슴
속

아무리 많아도 숫자로 끝나는 우리들의 관계

아! 메마른 우리들의 마음
아! 삭막한 우리들의 마을

바싹 다가온 음산한 21세기의 멋진 황혼,
우주는 아라비아 사막보다도 더 적막해지고,
지구의 마지막 다리에 혼자 서서
우리는 다 같이
노르웨이 화가 뭉크의 작품, 해골 같은 고독한
'절규',
우리는 기도하듯 두 손바닥을 모아 내밀고
나타나지 않는 구원의 손길을 기다린다.

이대로 끝나는가……

결국 세상이 이대로 끝나는가
이렇게 끝나는가
알 수 없는 채 어둠 속에서

세상은 한없이 환하면서도 어둡다
보이지 않는다
이것이 전부일까

마침내 존재는 이렇게 끝나는가
이대로 끝나는가
말 한마디 없이
무의미하게

존재는 뜻으로 깊으면서도 뜻이 없다
텅 비어 있다
정말 이것이 전부인가

시를 시험한다
생각을 생각해본다
물어보고 또 물어본다

앞을 따라서, 뒤에 밀려서,
그리고 줄을 따라 자동기계적으로

1 마라 강을 건너는 누의 무리

끔찍한 수의 누의 무리가 밀고 밀리며 마라 강을 향해서 달린다
때가 됐으니까, 계절이 바뀌어 먹을 풀이 없어졌으니까

그 무수한 수의 한 마리 한 마리가 차례로 마라 강으로 텀벙 뛰어
든다
끔찍한 수 모두가 앞 놈이 뛰어가니까, 뒷 놈이 밀고 달려오니까

목숨을 건 누들은 강 속에 우글대는 악어를 피하여 목숨을 걸고
그 험한 강물을 헤엄친다
물에 빠져 죽지 않으려니까, 악어에 물려 죽지 않으려니까, 살아
남으려니까,

앞 놈에 부딪치며, 뒷 놈에 밟히며 누의 무리들이 마라 강을 악
을 쓰며 허우적거리며 헤엄친다
옆 놈이 악어의 이빨에 물려 죽어가도 목숨이 있는 한 각자 자신
만은 살아야 하니까

2 출근 시간의 지하철 정거장

승강장에 줄이 길게 생겼다, 자꾸 길어진다
모두가 빨리 어디론가 가야 할 사람들이다
모두가 급하다, 내리는 일이, 타는 일이
30초 안에 내리고 타야 한다

한 사람이 내리면 두 사람이 탄다 차례로
두 사람이 내리면 네 사람이 밀고 들어간다 차례로
차례가 쉽게 오지 않아도 오래 기다렸다 빨리 타야 한다
시간이 없으니까, 아니 시간이 있으니까 남들을 따라가야 한다

3 자동 생산 공장

모든 게 정확한 차례
모든 게 틀림없이 같은 꼴
모든 게 영락없는 반복

코카콜라 깡통, 말보로 담배 한 보루
비아그라 한 병, 인터넷 정보
기관총, 원자탄, 복제 인간
정치 이데올로기

그리고 각자 나의
탄생, 광기 그리고 죽음
차례로, 기계적으로

4 파스칼의 사형수들

우리는 모두 쇠수갑을 차고
모두 발목에 한 쇠사슬로 묶인 채
자신의
사형 집행 차례를
지루하게 기다리는
파스칼의 사형수이다

우리는 서서 기다린다
그렇게 기다리는 동안
우리는 일하고, 서로 싸우고, 아프다가
웃다가 울다가, 춤추고 노래하다가
다 같이 잠든다

우리는 그렇게 기다리는 우리는
그리고 그렇게 기다리다가
기다리면서

먹고 싸다가, 오줌 누고 똥 싸다가
그렇게 치고받으며 씹하다가
다 같이 잠든다

5 사계절

삶의 다음 차례는 죽음
죽음의 다음 차례는 삶
탄생과 죽음
죽음과 또 다른 탄생

봄의 초록빛 싹과 꽃 다음에는 여름의 녹음과
뜨거운 빛
그리고 가을이 와서 열매를 따면
낙엽이 지고 어느덧 함박눈 쌓이는 겨울과 침묵

6 DNA

복제한다
똑같은 것을 반복하다
수많은 DNA들이 정해진 순서에 따라

결정된 원리에 따라
이유도 없는 이유에 따라
차례대로 반복하다
영원한 순서대로

7 다섯 세대의 외식 광경

점심때
한 식당

증손자가 제 엄마의 젖을 빨고 있다
아들 며느리가 아버지 어머니 곁에 자리를 잡는다
증손자의 증조할머니가
백발 아들의 부축을 받고
힘들게 의자에 앉는다
오래간만의 가족 외식

증조할머니
할아버지 할머니
아버지 어머니 나
그리고 내 어린 새끼
다섯 세대

차례로

8 신호등

노랑 불 다음엔 빨강 불, 빨강 불 다음엔 파랑 불

노랑 불 앞에서 기다린다 줄을 서서

빨강 불 앞에서 기다린다 나란히 서서

파랑 불이 켜질 때까지 초조하게

나는 신호등의 명령에 따라 움직인다

내 삶이 신호등의 시간과 원리에 맞추어져야 한다

빨강 신호등이 나를 가로막는다

신호등이 살아 있다

파랑 신호등이 손짓을 한다

신호등이 말을 한다

신호등이 시구와 같다

몽고의 풍장(風葬)

몽고의 한없이 퍼진 들
한가운데
돌 더미 위에 놓인 시체

누군가가 혼자서 그 시체를 칼로
큼직하고 잘 드는 식칼로 쨌다
배를 그리고 가슴을 쨌다

바로 그 위
코발트 빛 높은 하늘에서 독수리들이 빙빙 돈다
눈 아래서 행해지는 풍장 의식을 구경한다

배에서는 창자가 삐져나오고
가슴에선 심장과 폐가 튕겨나온다
피가 흐른다
식칼에
피가 묻는다
피로 빨개진
풍장을 마치는 이의 손과
어느덧 좀 떨어진 자갈 위에 내려와 나란히 앉아

독수리들이 풍장 과정을 구경한다
호기심 많은 애들처럼
독수리들이 풍장 끝나기를 기다린다
허기진 애들처럼
요기할 차례를 기다린다

독수리들은 어느덧 잔치를 벌여
죽은 이의 창자와 심장 그리고 눈알들은
어느덧 깨끗이 사라지고
풍장이 끝난 몽고의 고원 높은 하늘엔
다시 독수리들이 원을 그리며 자유로운 삶의 놀음을 즐긴다
풍장을 마친 아들은
파오²에 돌아와 잠자는 애들 옆에서
아내와 사랑을 한다

그리고 몽골의 대초원은
가을바람이 다시 불어와서
말 없는 말을 하고
무의미한 의미가 자연을 덮는다.

비장하고도 장엄한

---

2   몽고인의 텐트 거처.

보이지 않는 자연의

우주의

그리고 존재의

신비로운 깊은 의미

돌출 사건

1

까만 안경을 쓴 근시안 조이스 더블린 광장에서 오줌을 눈다
밤이면 말이 아닌 말로 말도 되지 않는 소설을 밤을 지새며 쓴다

심장을 도려낸 카프카가 파이프를 물고
연기도 나지 않는 담배를 피운다

송충이 같은 베케트가 달똥과 별똥이 떨어지는 공동묘지에서
벌거벗고 춤을 춘다
한 놈의 귀신도 나타나지 않는 거기서 그는 죽을 때까지 헛된 고
도를 기다린다

2

아침에 눈을 뜨니 두 눈이 어디론가 사라져버렸고
고환이 변기 속에 떨어져 있었다
눈먼 지렁이가 콧구멍에서 기어나왔고
큰 구렁이가 주방 싱크대 위에 죽어 있었다

벽에 걸린 시곗바늘이 어디론가 사라졌고

침대 위에서 낯선 젊은 남녀가 짝짓기를 하고 있다
내 옆구리 한 세포에서 복제된 몇 개의 내가 생겨나고
권총을 손에 쥔 건장한 경관이 나를 체포하겠다고 문을 박차고
들어왔다

아무도 없는 밤길에서 강도가 나를 쫓고 있었다
아무리 소리를 질러 사람을 불러도 소리가 나오지 않고
아무리 숨차게 달려가도 발은 떨어지지 않고
골목길은 한없이 아득하기만 했다

3
하늘의 뚜껑이 벗겨지고 모든 흰 공간이 날아갔다 구름과 함께
꺼져 땅속에 불덩이 용암이 솟아오르고 한 도시가 그 속으로 끝
없이 떨어져 갔다
병든 지구의 지각이 아픔에 못 이겨 몸을 뒤틀면서 지진이 생기
고
해변의 여러 마을들은 그곳 주민들과 더불어 쓰나미에 휩쓸려
사라졌다.
허리케인 카트리나로 단숨에 쑥밭이 된 미국의 큰 남부 뉴올리
언스

4

팔레스타인에서 이미 몇십 년 동안 수많은 젊은이들이
폭탄을 몸에 감고 이스라엘
점령지 정착촌에서
시장에서
식당에서
버스 정거장에서
젊은 자살 폭탄 테러리스트가 폭탄과 함께 사라졌다

뉴욕 국제 트레이드센터 쌍둥이 빌딩이
비행기를 몰고 날아온 자살 폭탄 테러에
5000명 이상의 희생자와 함께 잿더미가 되어 사라졌다
아프가니스탄에서
다음부터는 이라크에서, 파키스탄에서, 이집트에서
그리고 모스크바에서, 런던에서
그리고 또 터지고 또 터진다.
분노가 폭발로, 폭탄 폭발이 분노로 돌고 돌며 터지고
전 세계 곳곳의 큰 도시가 자살 폭탄 테러에 떨며 흔들리고 있다

5

누군가가 걸어온다
누군가가 내게 다가온다

머리카락이 빠진

장님인

코가 떨어진

누군가가

모두가 내게 접근해 온다 포크레인 같은 걸음으로

모두가 내게 가까이 온다 장난감 병정처럼

머리통이 없는 몸통만의

몸통이 없는 두 작대기 같은 다리만의

두 팔을 잃은 로봇 같은

그 모두가

6

아기가 젖을 달라 울어댈 때

엄마의 소변 보는 소리가 들리고

눈보라가 치는 깊은 밤

촛불이 흔들거리는 산골 마을의 절간 한 방에서는

자연의 음악 같은

불경을 외는 소리가 들린다

7

아프리카의 들 이곳저곳에서는

어미 토끼, 어미 늑대, 호랑이, 사자들이 굴속에 누워 새끼를 낳고

풀밭 위에 잠깐 멈추어 다리를 뻣뻣이 펴고 서 있는 가젤, 누, 기린, 코끼리 등의 암놈

꽁무니에서는 땅에 떨어진 각각의 새끼들이 비실비실 다리를 펴고 일어나 선다.

숫사자와 호랑이는 짝짓기를 하려고

제 새끼를 죽이면, 결사적으로 수놈을 멀리하던 암컷들은

때를 기다렸다는 듯이 수놈을 유혹하여

목숨을 걸고 짝짓기를 한다

혼자 귀가하다 산정에서 길을 잃었던 잠꼬대

여름 연수로 갔던 마을 숙소에서 어느 이른 오후 일행은 꼬불꼬불한 산길을 따라 한참 산책을 하고 휴게소에서 쉬고 있었다. 그런데 이때 내게는 숙소로 먼저 돌아가야만 할 일이 갑자기 생겼다.

나는 낯선 고장이지만 거기까지 걸어왔던 길을 거꾸로 거슬러 올라가면 된다고 확신했다.

나는 걸었다. 산길이 좋았다. 가면 갈수록 눈 아래 시야는 커지고 큰 바다같이 전개되는 경치가 장관이었다.

나는 어느덧 아주 높은 산정에 와 있었다. 눈앞에는 드문드문 우뚝 선 산맥들과 그 사이의 넓은 들이 마치 눈에 덮인 알래스카의 설경처럼 장관이 펼쳐지고 있었다. 그리고 눈앞은 소름이 끼치게 하는 험악한 절벽만이 아찔할 뿐 아무 데도 길이 없었다.

나는 길을 잃고 있었다. 뒤돌아 가자니 너무나 아득하고 헛갈렸다. 망연자실. 이 높고 막막한 산맥들 지붕 한 절정에서 나는 아찔했다. 아무 인기척도 없었다. 아무리 멀리 보아도 동네 하나도 시야에 들어오지 않았다. 죽음의 공포에 사로잡혀 탈진했다.

모든 것이 끝이구나! 내가 어쩌다 이렇게 되었는가? 나는 아찔하고 깜깜했다.

이때 느닷없이 한 젊은이가 자동차를 몰고 나타났다. 그 뒤 다른 이가 또 하나.

그들은 내가 길을 잃은 것이라고 했다. 그들을 따라 아찔했던 산 정을 내려 돌아왔다.

발광

젊은이는 유흥비를 마련하기 위해
지나가는 여인을 납치하고
강간하고
은행 카드를 빼앗고
그리고 사람들을 죽이고
산에 묻는다

파산한 아버지는 생명보험금을 찾으려고
아내를
아들을
그리고 딸을 죽이고
집에 불을 놓는다

억압, 가난, 비굴함, 원한, 분노
그리고 절망에 불이 붙어
여기서는 자살 폭탄 테러로 폭발하고
저기서 사람들, 버스 정류장, 경찰서가
피 묻은 조각으로 산산이 날아간다

수 억의 아이들, 노약자들, 가난한 이들이

과로, 병 그리고 기아에 죽어갈 때
날로 세련되어가는 첨단 무기가
연구, 개발 그리고 대량으로 생산되고
바다와 대륙에서는
강대국의 첨단 무기를 시험하는
실전 못지않은 전쟁 훈련이
멋있게 시행된다

광란한 시대의 광란의 시

똑똑히 보자
우주의 광기, 인간의 발광을
문명의 카오스, 존재의 소용돌이를
지구가 갈라지고 휴양지 푸켓을 쓰나미가 덮치고,
성난 허리케인이 뉴올리언스 시를 물바다로 만들고
깨진 바다에서 물이 섬들을 삼키고
성난 화산에서
붉게 끓는 바위들이 산꼭대기로 솟는다

분명히 알자
사회의 불의, 사유의 혼동,
헛소리, 거짓말, 사기,
강도, 강간, 살인,
폭주,. 폭언, 폭격, 폭동,
데모, 테러, 죽음을

이제 분명한 것은 아무것도 없는
절대적 어둠
이제 그 아무것도 안전할 수 없는
존재의 미친 요동

그렇다면 오늘날
시인은 이 모든 것들이 벌어진 치열한 전선에서
그것들 향해 총을 겨냥하는
지원병이 아니고 무엇을 할 수 있는가

그렇다면 오늘날
쓸 수 있는 시는 한 종류뿐,
버스 정류장 혹은 식당
한복판에서 무고한 이들을 죽이며 자신의 가슴 속에 몰래 두른
폭탄과 함께 스스로
불꽃처럼 산산이 하늘로 날아 흩어지는 사라지는
팔레스타인의 어린
자살 폭탄 테러리스트의 찢어지는 살 조각들 같은

오늘날 분노로 폭발하지 않은 시인은 사기꾼이다
오늘날 아름답고 고운 시는 가짜다
오늘날 광란하지 않는 시인은 더 이상 시인이 아니다
오늘날 비극적 광란의 언어가 아닌 시는 더 이상 시가 아니다

나는 가짜다

나는 남의 옷을 입고
남의 생각을 남의 말로 중얼거리며
남의 땅, 남의 나라, 남의 집에서
남의 여자, 남의 남편, 남의 자식과
남의 사랑을 하며 남의 돈으로
남의 등에 들러붙어
남의 신분증을 갖고 산다.

나의 신분은 가짜다.
나는 실체가 아니라 가상이다.
그리고 너도 그렇다.
모두가 그렇다.

나는 나의 눈이 아니라 남의 눈으로 사물을 보고,
남의 코로 숨쉬며, 남의 살로 만든
남의 얼굴을 들고
사진 찍고, 취직하고, 돈 벌고 사랑하고
남의 이로 먹고 씹으며, 남의 위장으로 소화하고,
남의 심장 힘으로 움직이며
남의 삶을 산다.

나의 존재는 가짜다.

나는 진짜 사이보그.

너도 그렇고.

모두가 그렇다.

새천년 호미곶 해맞이 축제를 위한 시
(2000년 1월 1일)

아 찬란하고 장엄하다
지금 상쾌한 새벽 공기를 헤치고
맑고 깊은 동해의 푸른 수평선에 돋는 해

나는 두 팔을 크게 벌리고 맞는다
심연의 어둠을 거두며 정중히 솟아나는
우주보다도 크고
늦가을 하늘에 매달린 감보다도 맑은 주홍색
태양을

아 고귀하고 엄숙하다
이 순간
이 새천년
1월
1일
오전 7시 32분

영일만迎日灣 바다가 밝아오는
새 하루의

새 한 해의
새 백 년의
새천년의
해

새
장엄한 순간
엄숙한 아침
경건한 신년
찬란한 새 세기의 출발
거룩한 새천년의 시작

아 아름답고 성스러워라
먼동이 트면서
바다와 하늘
지구와 태양
밤과 낮
인간과 우주
이 모든 것들이
단 하나로 승화하는
먼동이 튼다

영원한 신비의

새천년의 아침이

한반도를 열고

한국인의 가슴속에

솟아오른다

아 즐겁고 가슴 벅찬다

해가, 해가 돋는다

주홍빛 거대한 새 해가 떠오른다

한반도 새천년의 빛이

한민족의 새 희망이

인류의 새 꿈이

생명의 새 약동이

솟아 환하게 이 땅에 비친다

아 찬미롭고 기쁘다

떠오르는

새 하루

새 세기

새 밀레니엄의

태양

생명의 원천을 찬미하러

여기 이른 아침 동해의 바닷가 호미곶에

십만 명, 우리 모두 함께 있다

아 가슴이 환하고 온몸이 신난다

크게 벌린 큰 손에

환한 새천년의 햇살이 벅차게 비치고

우리 손에 손을 잡고 노래와 춤으로

해맞이 축제의 잔치를 벌인다

월드컵이 뭐기에

대……한민국! 오……필승 코리아! 오 오레, 오레!
코리아 파이팅!

우리는 애들도 아닌데
공차기 놀이가 뭐기에 온 나라가 왜 이리 미쳤느냐
애들과 어른
여자와 남자
온 국민이 왜 이리 들떠 있는가
큰 장사가 되기 때문이라고
그게 말이 되는가

"대……한민국! 오 필승 코리아! 오 오레, 오레!"
파이팅 코리아!

봄이 되면 금수강산 곱게 뒤덮는 진달래꽃처럼
　경기장 관객석, 전국 대도시의 중심 거리 꽉 찬 선홍빛 응원대의
진달래꽃이 폈다
　붉은 악마 응원단의 태풍 같은 힘찬 물결이 곱다
　수만 명, 수십 명, 수백 명이 거리에서, 식당에서, 가정 거실에서

다 같이 하나가 되어 밤하늘을 흔드는
응원단의 젊고 뜨거운 응원가, 박수 소리
힘찬 합창
하늘을 찌르는 구호
젊게 타는 열정이 아름답다
나라의, 지구의 축제가 된
젊음의 축제, 온 민족의 잔치!
월드컵은 쓸데없어서 더 좋다

이제서야 알게 된 하나됨의 황홀
이제서야 불타는 선홍빛 정열

돈 들어도 좋다
미쳐도 좋다
바보가 되어도 좋다
그냥 축제라서 더 좋다
그냥 좋다
말이 안 되어도 좋다

대……한민국, 오 필승, 코리아. 오 오레 오레!
코리아 화이팅!

우리는 미친 바보가 아닌데

화려하고 신나는 월드컵을 치른다
월드컵이 뭐기에 우리 모두가 왜 그 많은 돈을 퍼부어야 하는가
온 시민이 왜 이리 떠들썩해야 하는가
나라를 온 세계에 광고할 수 있기 때문이라고
그게 말이 되는가

푸르고 넓은 잔디밭에 하나의 발레
선수들 간에 부단히 재구성되는 역동적 안무의 구성미
아군 적군 간에 부단히 재구성되는 긴장된 역학
서로 색깔이 다른 유니폼을 입은 두 패의 선수들이
끊임없이 총력을 다한 뜀박질이 자아내는 박진감
극한적 경쟁이 서로를 겨누는 팽팽한 패기
이제서야 발견했다
축구가 이렇게도 아름다운 놀이임을
생동력 있어 신명 나는 춤임을
월드컵은 말이 안 되어도 말이 된다

대……한민국, 오 필승 코리아, 오 오레, 오레!
파이팅 코리아!

월드컵이 뭐기에 우리는 이렇게들
바보처럼 돌았는가
바보라도 좋다

뭔지 몰라도 좋다
월드컵이 좋다
축구가 좋다

쓸데없어도 좋다
놀이라서 더 좋다
미쳤다 해도 좋다
월드컵
져도 좋다
이겨서 더 좋다
말이 안 되어도 그냥 신난다

대……한민국! 오 필승 코리아! 오 오레 오레
코리아 파이팅!

우리 전사들이여!
뛰어라! 달려라! 공을 잡아라! 빼앗아라!
쓰러지면 일어서라! 확 차라! 슛!

그리고 북을 쳐라! 구호를 부르자!
밤하늘이 떠나가게!
별들도 즐거워 박수를 보낸다
어깨동무 모두 하나가 되어 선홍빛

손뼉 박자에 맞춰 목이 터지게 응원을 하자

져도 그만, 이겨도 그만

월드컵 경기가 좋다

대……한민국, 필승 코리아! 오! 오레 오레!

코리아 파이팅!

아직 써지지 않은 시를 위해서

나는 평생 알려고 살았다
하늘과 땅, 세상과 나를
그러나
어느덧 내 머리카락은 흰데
알 수 있는 것은
아직도
어둠뿐이다

나는 평생 깊은 뜻을 발견코자 살아왔다
하늘과 땅의, 세상과 나의
그러나
어느덧 내 눈이 침침해 가는데
보이는 것은
아직도
공백뿐이다

내가 누구인가
세상은 무엇인가
존재의 의미가 존재하는가
시간이 얼마 남지 않았다

아직 건강하지만 나는
가까이 오고 있는 나의 죽음을 느낄 수 있다

나는 평생 쓰려고 살아왔다
말이 되는 시를
그러나
어느덧 내 기억이 흐려져 가는데
내 앞에
아직도
메워야 할 빈 원고지만 남아 있다

나는 평생 언어를 발명하려 했다
모든 것의 의미, 존재를 밝혀주는 시어를
그러나

어느덧 나의 시간이 다 되어가는데
내가 만들어본 낱말들은
아직도 아무 뜻도 없는 침묵일 뿐이다
시간이 얼마 남지 않았다
그래서 나는 뜻이 없고 말이 되지 않지만
쉬지 않고 언어를 실험하고 시를 습작한다

『아침 산책』 초판 서문

『보이지 않는 것의 그림자』(민음사, 1987)와 『울림의 공백』(민음사, 1989), 『Broken Words』(민음사, 1999)를 끝으로 나는 시로써 할 수 있는 모든 말을 다 했다고 생각했었다. 그러나 나는 다시금 시를 써서 이렇게 세상에 내놓게 되었다. 앞으로도 내게서 시 쓰기는 떠나지 않을 것 같다. 《현대시학》 2006년 1월호에 실렸던 「'시'가 내게 무엇을 의미해왔나?」라는 다음의 글이 그 내면적 이유를 설명해준다.

시는 나에게 마음의 둥지였다. 문화적으로는 물론 자연적으로도 황무지 같았던 벽촌에 자라던 문학소년 시절의 나에게 초등학교 시절 시와의 우연한 만남은 내가 그때까지 알 수 있었던 세계와는 다르고도 신기하며, 알 수 없지만 황홀한 정신적 세계의 존재에 대한 충격이며 눈뜸이었다. 그 세계는 광복 직후의 흥분, 정치 및 사회적 혼란, 6·25 전쟁의 끔찍한 가난과 비극으로 상처받은 문학청년 시절의 나에게 그 상처를 조금이나마 달래고 치유할 수 있는 유일한 둥지였다.

시는 나에게 실존적 몸부림이었다. 말로 표현할 수 없는 사춘기의 생물학적 고통과 눈을 뜨기 시작한 도덕적 분노를 분출하고, 삶의 부조리에 저항하며, 나의 실존에 대한 확인을 통한 삶의 의미를 창조함으로써 찢어진 영혼을 어루만질 수 있는 유일한 정신적 공간이었다. 나는 아주 일찍부터 시인이 되고자 작정했다. 시인의 삶이 흔히 가난하고, 비극적이라는 것을 알면서도 말이다. 아니 바로 그러한 삶이 어느 삶보다 멋있을 뿐만 아니라 진짜라고 여기게 되었다.

하지만 시는 나를 버렸고 나는 시라는 마음의 둥지를 떠나 오랫동안, 아주 오랫동안 외도를 하며 방황했다. 시인이 되겠다는 의지만으로 시인이 될 수 없으며, 인위적인 기술만으로 쓰여지지 않는다. 모든 창조가 그러하듯이 시적 창조는 천부적 자질을 타고나야 하며, 미학적 감동과 실존적 고민에 무감각한 시인을 상상할 수 없지만 그런 감동과 그런 고통을 경험한 모든 이가 시인이 될 수 있지 않기 때문이다. 시인은 타고난다. 나는 문학청소년 시절 수백, 아니 수천 편의 시를 썼지만 그 어느 한 편도 남들에게는 물론 나 자신에게도 정말 마음에 들지 않았다. 불행하게도 나는 시인으로 태어나지 못한 것 같았다.

그러나 시를 발표하기 시작한 지 반세기가 넘었고, 시가 나를 버리고 내가 시라는 마음의 둥지를 떠나 외도를 한 지 거의 반세기 동안 시는 나의 마음을 떠난 적이 한 번도 없었다. 오히려 시는 언제나 내 마음의 가장 밑바닥, 그리고 그 중심에 자리 잡고 있었고, 나는 지난 1970년대부터 오랫동안의 객지에서, 그리고 고국에 돌아온 지난 십여 년 동안 평범한 철학교수 생활을 하면서 남들이 읽거나 말거나, 인정하거나 말거나 틈틈이 시를 썼다. 그리고 나는 시가 나의 궁극적·정신적 고향이라고 늘 여겨왔고, 이런 사실은 오늘날 나 자신의 내면을 들여다보면 볼수록 더욱 분명하다. 지금까지의 나의 모든 책 읽기와 글 쓰기는 궁극적으로 말라르메가 말하는 '단 하나의 책(Le livre)'으로 요약할 수 있는 '단 하나의 시집', 아니 '단 한 편의 시 작품'을 위한 학습이자 습작이라는 생각까지 하게 되었다.

그렇다면 시란 도대체 무엇인가?

시는 언어적 구조물이며, 시인은 언어의 마술사이다. 모든 언어가 그러하듯이 무엇인가를 표상하는 시도 하나의 텍스트이다. 이런 점에서 시는 반드시 그 표상대상을 전제하여, 그 대상에 관한 '진리'를 밝히는 일종의 인식양식으로서 신화적, 종교적, 정치적, 역사적, 철학적, 과학적인 모든 텍스트와 다르지 않다. 그러나 진리의 존재, 진리의 인식은 그것이 어떤 것이든 언어를 떠나서 밝혀질 수 없다. 바로 이런 맥락에서 "언어는 존재의 집이다"라는 하이데거의 말은 옳다. 하지만 개라는 존재가 '개'라는 말 속에서만 표상되는 한, '개'라는 언어는 '존재의 집'인 동시에 '존재의 은폐자'이다. 왜냐하면 '개'라는 개념 속에 담긴 '개'는 구체적으로 존재하는 개의 무한히 다양한 속성들을 제거하여 그것의 특정한 속성만을 추상화한 결과로서의 개념에 지나지 않기 때문이다. 어떤 존재의 언어적 표상, 즉 개념은 그 존재의 무한히 다양한, 그리고 구체적인 속성들이 이미 빠져나가고 남은 뼈대뿐인 것이다.

존재를 표상하는 양식들 가운데 시적 표상의도와 표상양식이 다른 표상의도와 표상양식과 다른 점은, 후자가 뼈대만의 개념적 개로 인식하는 것인 데 반해서 전자는 뼈대만이 아니라 산 채로의 개, 즉 구체적인 개를 그냥 그대로 표상하지 않으면 만족할 수 없는 데 있다. 이런 관점에서 시적 의도는 "언어로써 언어의 한계를 초월한 데 있다"라고 말할 수 있다. 이런 차원에서 시인은 언어의 마술사나 철학자가 아니며, 시는 언어적 마술이지 과학적, 철학적 및 종교적 의미에서의 인식양식이 아니다. 시의 이같은 의도와 그 표현으로서의 시 작품은 논리적으로 불가능하다. 시적 의도는 궁극적으로 실패할 수밖에 없다. 그러나 시시포스가 그러했듯이 다시금 이룰 수 없는, 즉 논리적으로 불가능한 것을, '시의 창작'이라는 무거운 바위를 산정으로 힘들여 올려가야 한다. 실패할 수밖에 없지만 그 노력의 과정에서 시는 빛을 부분적으로 내고 시인은 시작의 환희를 경험한다.

시는 언어의 마술이며, 시인은 언어의 마술사이지만, 모든 언어적 마술사가 똑같이 위대한 시인이 아니며, 모든 언어적 마술이 똑같이 위대한 시가 아니다. 시는 그것이 독자에게 주는 감동의 깊이와 폭에 따라 다른 가치를 갖게 되며, 그러한 가치를 창출할 수 있는 감동은 그 작품을 쓴 시인의 내면적 깊이를 전제하며, 그러한 깊이는 시인의 영적 및 지적 깊이의 폭과 상대적이다. 위대한 시인은 비록 전문적 교육은 받지 않더라도 넓은 의미에서의 지적, 도덕적 및 인격적 소양, 즉 '지혜'의 소유자이다.

이러한 사실이 내가 시를 떠나 오랜 외도를 해왔고, 그 외도의 모든 과정을 '단 하나의 시집', 아니 '단 하나의 시'를 쓰기 위한 습작이라고 스스로 생각하고 싶은 현재의 태도를 설명할 수도 있을 것 같고, 내가 아직도 시를 나의 궁극적 고향으로 생각하면서도 여전히 만족스러운 시를 쓰지 못한 것을 변명해줄 수 있을 것도 같다. 내가 걸어온 외도가 철학이었음에도 불구하고 나는 아직도 차가운 철학적 사유의 깊이에 이르지 못한 것 같다.

시적 지혜는 일종의 인식양식이지만 그것은 개념적이 아니라 감성적이며, 분석적이 아니라 종합적이다. 시적 인식이 과학이나 철학에서 요구하는 이지적인 것이 아니라 육화적인 것은 이 때문이며, 또한 시의 호소력과 그것이 동반하는 감동은 두뇌에서 나오는 논리적 설득력이 아니라 영혼에서 울려나오는 진동의 밀도에 있는 것도 이 때문이다. 시는 그 내용이 무엇이든 상관없이 말할 수 없는 것을 말하고, 표현할 수 없는 것을 표현하고자 하는 충동이다.

시는 자연, 세계, 그리고 인간 간의 전인적, 따라서 행복 관계가 차려놓은 언어의 축제이다. 그리고 인간이 존재하는 한 이러한 축제는 끝나지 않는다. 왜냐하면 인간은 발기발기 찢어진 세계에서 잠시나마 행복을 찾고, 그러한 행복은 세계의 순간적이나마 발견할 수 있는 조화로운 통합 속에서만 찾을 수 있기 때문이다. 모든 사람들에게 고향은 나름대로 따뜻하고 행복했던 거처이다. 고향은 언제나 어린 시절을 보내던 시골이며, 자연과 가까운 시골의 어린 시절은 누구에게나 따뜻하고 행복했던 추억이 담긴 거처이다. 시는 나의 마음의 고향이다.

2006년 3월

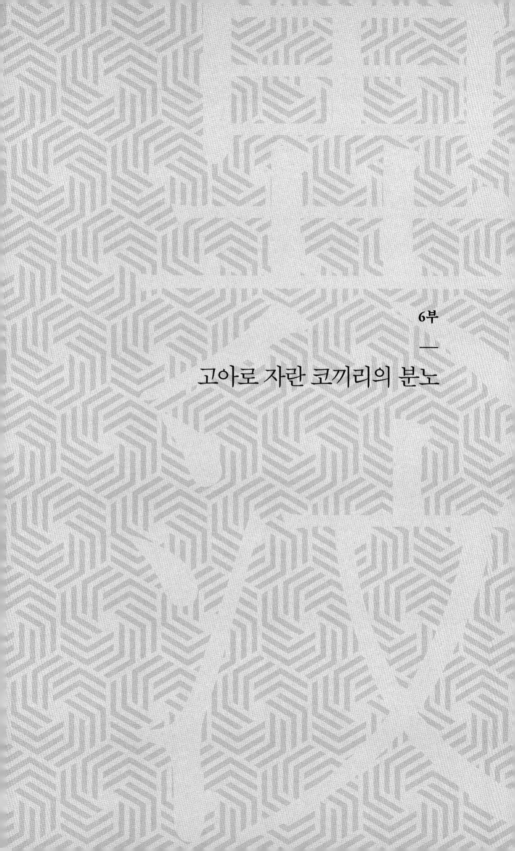

6부
—
고아로 자란 코끼리의 분노

고아로 자란 코끼리의 분노

인도의 밀렵꾼들이 상아를 팔아 돈을 벌려고 어미 코끼리들을 마구 죽였다 아프리카의 가난한 사람들이 밭을 만들려고 코끼리들의 거처인 숲에 침입해서 나무를 베고, 숲을 밭으로 바꾸어 코끼리들은 생존의 터전을 잃었다

어미 아비를 잃어 고아가 된 새끼 코끼리들은 먹을 것을 구하러 숲에서 마을로 나왔다 그들은 시골 마을에 몰려와 보이는 대로 뒤져 먹고, 닥치는 대로 길고 힘센 코로 들이받고 부순다 동네 사람들에게 아비 어미를 잃은 어린 코끼리들은 분노와 원한, 복수심에 차 있다

분노에 찬 어린 코끼리들은 물건, 동물, 사람도, 집도, 먹을 것도, 먹지 못할 것도, 그리고 또 그들의 사육사들까지도 코로 올려 높이 공중에 던지고, 땅에 떨어지면 바윗돌 같은 발로 밟아 죽인다 부모의 따뜻한 보호, 사랑도 없이 자란 분노 때문이란다 아비 어미의 가정교육도 없이 자란 정신적 상처 때문이란다 사람들의 경우와 마찬가지로

잘 살려고, 아니 그냥 생존하기 위해서 우리들은 코끼리를 죽인다 사람들은 정력에 좋다는 소문을 듣고 코뿔소를 사냥한다 사람

들은 재미로 동물을 죽이는 스포츠를 즐긴다 생명을 죽임으로 삶의 환희를 느낀다 인간은 정신병에 걸렸고, 고아 코끼리들은 분노한다

코끼리, 코뿔소를 쏘는 밀렵꾼을 쏴라
재미로 사냥하는 사냥꾼을 사냥하라
생명의 이름으로, 인간의 이름으로!

그 아무것도 아닌데, 아무것도 아니라서

살짝 스쳐가는 바람인데
아무것도 아닌데, 아무것도 아니라서
모두가 난리다

마음이
가정이
동네가
나라가
세계가
지구가
은하수가
그리고 우주가

날아 사라지는 티끌처럼 잡히지 않는 먼지인데
아무것도 아닌데, 아무것도 아니라서
모두가 아우성 싸움판이다

유전자가
마음이
목숨이

생명체가

영혼이

그리고 블랙홀이

불쑥 나타나는 희미한 환각이라서

아무것도 아니라서

다 같이 난리를 피운다

더 돈을 벌려고

더 권력을 잡으려고

더 싸우려고

더 이기려고

더 가지려고

그리고 더 오래 살려고

깨어나면 의미 없는 나비의 꿈인데

아무것도 아닌데, 아무것도 아니라서

한결같이 아우성이다

더 보려고

더 배우려고

더 알려고

더 이름을 남기려고

더 허무하지 않으려고
없는 의미를 만들려고

생태계

황소개구리는 토종개구리를 잡아먹고, 찢어지게 벌린 구렁이의
입 속으로 살려고 악쓰는 황소개구리가 빨려 들어가고, 마라 강의
악어 아가리에는 그곳을 건너는 어린 누들이 통째로 삼켜진다

사자 떼가 육중한 버펄로에게 덤벼들어 어떤 놈은 등에 타고, 어
떤 놈은 목에 매달린 채 이빨로 물어뜯어 쓰러뜨려 죽인 다음 으르
렁대며 정신없이 뜯어먹는다 사자가 먹다 남은 버펄로를 둘러싸
고 하이에나, 리카온 그리고 독수리들이 싸움을 벌인다

제주도 똥돼지 숯불 등심고기를 쌈에 싸서 먹는 한 단아한 가족
의 입들이 하나같이 모두 커 보이고, 그들의 얼굴이 하나같이 건강
하고 행복해 보인다
봄이 되면 동네 여인들은 이제 막 파랗게 싹이 트는 냉이를 캐서
반찬거리를 마련하고, 고기를 먹지 않는 중들은 모래를 먹을 수 없
으니 살아 있는 풀들을 뜯어 공양하고 야채만을 길러 먹어야 한다

남의 생명을 죽이지 않고 살 수 없을까
잔인하지 않고 착할 수 없을까
존엄성에 어긋나지 않고 생명의 존엄성을 지킬 수 있을까
비인간적이지 않고 인간적일 수 없을까

버러지는 쥐에게 잡아먹히고
쥐는 고양이에게 잡아먹히고
고양이는 개에게 잡히고
개는 인간의 보신탕이 된다

알래스카의 곰은 연어를 잡아먹고 또
아이슬란드의 얼음벌판에서는 숨을 쉬려고
바다물개가 뚫어 놓은
얼음 구멍 밖에서 기다리다가
밖으로 나오는
바다물개를 덥석 잡아먹고
뱀은 산새들의 둥지에 들어가
노란 입을 벌리는 새끼들을 하나씩 하나씩 꿀떡 삼킨다

자연은 도살장, 생명은 살인범
지구는 전쟁터
삶은 살육의 장, 나의 삶은 남의 죽음
일그러진 생명의 존엄성
잘못 끼워진 생태의 고리

생명존중의 몇 가지 양식

　낚시꾼들은 건져 올린 낚시 바늘에 끼워져 퍼드덕거리는 물고기를 보는 데 환희를 느끼고, 낚시꾼들은 펄떡대는 그 물고기를 칼로 저며 고추장에 찍어 소주 안주로 먹는 재미를 버릴 수 없다
　아! 이것이 생명을 존중하는 법인가

　스시 바에서는 날렵한 식칼 밑에서 펄펄 뛰는 큰 도미가 대가리부터 꼬리까지 따로따로 도막내져 사시미를 좋아하는 신사숙녀들의 나무젓가락에 집혀 와사비가 풀린 간장에 찍혀 그들의 입으로 들어간다
　아! 이것이 생명의 존엄성을 존중하는 방법이란 말인가

　아웃백 스테이크하우스에서는 젊은 생태운동가들이 피가 절절 나는 스테이크를 잘 들지 않는 나이프로 자르느라고 애를 쓰며, 잘라진 고깃덩어리를 포크로 찍어 머스터드에 묻혀 입에 넣고 꿀떡 삼킨다
　아! 생명을 존중하기 위해서 이렇게 하는 것인가

　큰 식품백화점, 생선판매장에서는 싱싱한 생선들이 칼에 발기발기 잘리고, 고기판매장에는 소, 돼지가 눈을 뜨고 있는 대가리들이 달린 채로 고리에 꽂힌 채 천장에 걸려 있다

아! 이게 생명의 존엄성을 입증하는 예들이라 할 수 있는가

생명의 존엄성, 나는 알 수 없다
생명을 존중하려면 어떻게 해야 할지 나는 모르겠다
생명의 존엄성, 생명의 존중
어떻다는 말이냐, 무엇을 하라는 말이냐

도대체 어떻게 하자는 말이냐
실제로 어떻게 살라는 말이냐
좀더 생각해보자
말 좀 분명히 하자

지구에서 인간이란

인구폭발
오존가스
쓰레기
공기와 물의 오염

빙하가 녹아 육지는 바다가 되고
쓰나미가 해변으로 밀려오고
산사태가 마을을 덮치고
허리케인이 시골 도시들을 쑥대밭으로 만든다

인간이란 자연의 암으로
50년 내에 생물의 25%가 멸종된단다
마지막 남은 인류가 멸종되고
문명이 붕괴되고
지구가 무너지고
숲과 초원이 사막으로 변하고
가까워지는 생명의 임종

물이 말라붙은 호수와 개천 밑바닥에는
죽은 물풀과 말라붙은 물고기들의 뼈만 가득 차 있다

문명의 광란이

인간이란 자연의 병이

치료될 수 있을까

생명의 구원이 아직도 가능할까

오징어의 사랑과 죽음

어부들은 오징어 풍어에 기쁨을 감추지 못하고
퍼덕이는 생선을 콧노래에 맞춰 신나게 걷어 올리고

이른 초봄을 맞아 따뜻해진 전라도 남쪽 바다는
수백, 수천 마리 오징어 떼의 데이트 장소가 되고
수컷과 암컷들이 서로 뒤엉켜 뜨거운 탱고 춤 무도회로 변하고
후끈한 사랑의 침대가 된다

그 모든 오징어들이 목숨을 걸어 짝짓기를 하고
뜨거운 사랑이 끝나 수정이 되고 알을 낳으면
수컷대로 암컷대로 그 자리에서 죽어 물 위에 떠서 혹은
물속에 가라앉아 다른 오징어나 다른 생물들의 밥이 된다
수정된 알들은 부모의 데이트 장소, 댄스 홀
사랑의 보금자리, 짝짓기 둥지, 무덤에서
곧바로 새로운 생명으로 탄생해서
수억 아니 수십 억 오징어 새끼가 항해를 시작하여 세대를 이어
가고
어부들의 가슴은 생명의 신비한 장관에 황홀하고
그들의 삶은 바다와 더불어 출렁거리고

봄에 솟아나는 생명의 싹

아직도 겨울이 주춤대고 바람이 찬 날 오후
죽었던 나뭇가지 마디마다 눈을 뜬 파릇한 싹들
그 아래 어느덧 파릇파릇한 잔디
아직도 존재의 생명은 솟아난다

아직도 봄은 오지 않고 눈이 쌓여 있는 잔디밭
겨울의 무게를 이겨내고 소리 없이 솟아난 연두색 싹들
그 속 어느덧 넘치는 생명의 미소
아직도 지구는 숨 쉰다

나의 연령, 나의 윤회

인간의 탄생 35만 년 전
나의 나이 35만 살
인간은 죽어서 생명이 되고
생명은 죽어서 지구로 바뀌고
지구는 죽어서 우주가 된다

생명의 탄생 35억 년 전
나의 나이 35억 살
생명은 살아서 인간이 되고
인간은 살아서 지구로 바뀌고
지구는 살아서 인간이 된다

지구의 탄생 46억 년 전
나의 나이 46억 살
지구는 죽어서 우주가 되고
우주는 죽어서 생명이 되고
생명은 죽어서 우주가 된다

우주의 탄생 200억 년 전
나의 나이 200억 살

우주는 죽어서 지구가 되고
지구는 죽어서 생명으로 바뀌고
생명은 죽어서 우주가 된다

문명의 임종

문명의 발상 10만 년 전
고대 1만 오천 년 전
근대 3백 년 전

인간의 번식 1백 년
첨단기술 문명 5십 년
그리고 웰빙 3십 년

지난 6십 년간의 인구 증가는
그 이전까지의 증가보다 크다
1백만 년 걸려 만든 양의 화석연료는
단 1년 동안에 써버린다
매년 3만에서 5만의 종이 멸종된다

병든 욕망에 무너지는 문명
바람이 전하는 인간의 종말
유전자 조작으로 감지되는 생명의 멸종

생명

눈 속에서 소리 없이 솟아나는
크로커스의 꽃봉오리

얼어붙은 땅에서 얼음얼음 기어나오는
이름 없는 작은 벌레

마음의 마음에서 전율하는
말 없는 조용한 말소리

봄을 알리는 일산 호수공원의 낯선 새

어디선가 한 가락 봄노래가 들려온다
가던 걸음 멈추고 머리를 들어 올려 보면
이파리 없는 백양나무 가지에 앉아 있는 낯선 새

나뭇가지 사이로 살짝 훈훈한 바람이 스쳐가고
어느새 능수버들 가지 끝마다 물든 연두색
봄이 오는구나, 봄이 다시 돌아왔구나

흰 눈 속에서 눈을 뜨는
흰 크로커스 꽃봉오리

아직도 뜰은 겨우내 온 눈에 두텁게 덮여 있고
아직도 바람은 차고
새싹이 돋은 나뭇가지는 어디에도 안 보인다
그런데 바로 내 눈 앞에 크로커스의 꽃봉오리 하나

그 두텁게 쌓인 눈 밑에서
아 저렇게 제일 먼저 살아나는 청아한 생명
눈보다 흰 크로커스의 꽃봉오리
생명의 신비여

우주의 신비로운 맥박
흰 크로커스의 생명은 흰 눈의 무게보다 뜨겁고
크로커스의 봄은 자연의 봄보다 빠르다
봄의 환희여

난리가 나고, 모두가 미쳤는데
무슨 시를 어떻게 쓰랴

총소리가 들리고 대포알이 안마당에 떨어지고
소, 돼지, 개, 닭이 죽어 뻗어 있고 상처를 입은
졸병들이 쓰러지네
엄마 잃은 아이들이 목이 째져라 울어대는
피난민 물결 속엔
사기꾼이 설치고 가짜가 날치고 위선자가 큰소리 치고

난리가 났네
사람들이 미쳤네
모두가 돌았네
시인들이 무슨 시를 쓸 수 있으랴

하늘이 무너지고 은하수의 별빛이 모두 꺼지고
태풍이 불고 쓰나미가 밀려오네
산들이 무너지고 흙더미로 덮인 마을
홍수에 잠긴 논과 밭

지진이 났네
폭우가 쏟아지네

지구가 미쳤네
허리케인이 한 도시를 몽땅 쑥밭으로 만드는데
철학자들은 무엇을 사유하랴

빅뱅의 폭발로 존재의 질서가 섰다가 흔들리고
열역학 제2법칙으로 카오스로 바뀌다가 죽어가고
양자역학은 존재와 인식, 결정론과 자유를
범벅으로 만들고
분자생물학은 나의 정체성, 나의 영혼을 제거하고

헷갈리네, 존재와 무가 다 함께 헷갈리네
사람들이 돌았네
우주가 미쳤네
존재는 무엇으로 존재하며 시는 어떻게 시가 되랴

어느 날 늦은 오후 일산 호수공원의 풍경

봄이 뽀얗게 피는 봄
꽃은 만발하고 물가의 잔디밭에는
서로 안고 몸을 꼬아 누워 있는
한 쌍의 애인
일산 호수는 뜨겁고 아름답다
잠깐 지나가지만
일산 호수는 인공 호수지만

잔디와 나무들이
녹색으로 넘치는 호수의 오후
산책길 벤치에 지팡이를 기대어 놓고
혼자 앉아 있는 노인
일산 호수는 해가 갈수록 사색에 잠기고
잠깐 찾아왔지만
일산 호숫가에 여름 저녁이 찾아온다

산책 나온 사람들이
서로 스쳐가는 일산 호숫가
한 여인의 뒤를 열심히 따라가는
다람쥐 같은

이국적 강아지
일산 호수는 평화롭다
잠깐 스쳐가지만
일산 호수에도
보이지 않는 불안과 고통이 있지만

아수라장

구호, 고함, 데모, 투쟁, 전쟁

탈북자, 요덕 스토리, 여객기 추락

테러, 자살폭탄 테러

첨단무기, 핵무기, 북핵, 노동 2호 미사일 발사

팔십이 넘은 위안부 할머니의 악몽

황우석의 사기극, 수많은 부정사건

자살, 강간, 살인사건, 사기꾼, 위선자

수많은 시민단체, 수백 개 다른 이름의 연대

빈부격차, 노숙자, 기아로 죽어가는 몇 억의 목숨

1천만 명의 해외여행, 별장 짓기, 골프 모임

늘어나는 룸싸롱, 특권층의 호화판 파티

하늘을 치솟는 주상복합의 집값

중환자실 환자들의 신음소리

위조지폐, 마약밀수, 에이즈, 조류독감

빈 라덴, 알카에다, 반미, 부시, 김정일

태풍, 천둥, 벼락, 지진, 해일, 가뭄

침수된 마을, 직장을 잃었거나 못 찾는 구직자들

헷갈리는 철학적 진리들, 알쏭달쏭한 종교적 신념들

너무 많이 넘치는 지도자, 애국자, 영웅들

뒤섞인 '옳소', 경건한 아멘, 심오한 만트라, 깊은 깨달음

며칠째 한 줄의 시구도 못 쓰고 밤을 새는 시인

시상을 기다리는 빈 칸 2백 개 원고지의 괴로움

말기 암이란 벼락 같은 진단을 받고 수술실에 들어간 애인

치료가 되지 않는 나의 편두통

말기 유방암 진단을 받은 어머니

직장에서 쫓겨난 남편, 가출한 아내

벼랑에서 추락해서 수세미같이 찌그러진 관광버스

밀렵자의 총알에 고꾸라지는 짐승, 산 짐승

아수라장 된 운동경기, 화장실에서 오줌이 안 나와 펄펄 뛰는 젊
은이

28년 전 납치됐던 아들과 잠깐 만나고 헤어지는 노모의 찢어지
는 가슴

사람만 보면 죽이고 싶었다고 고백하는 젊은 연쇄살인범

가슴에 폭탄을 감고 산산이 날아간 한 팔레스타인 사람의 절규

에이즈 혹은 조류독감으로 쓰러지는 어머니와 아이

아비규환, 아우성, 흰 구름과 함께 떠가는 하늘이여

그리고 또 그리고 또, 또, 또 그리고 또…

하느님 맙소사! 우리는 어디로? 아우성, 아우성, 세상은 어
디로?

쿼바디스! 쿼바디스! 쿼바디스!

도깨비 세상

한밤중인데 냉장고 안의 먹던
생선 통조림에서 연어들이 튀어나오고
털 없는 새끼돼지들이 꿀꿀대고 마룻바닥으로 뛰쳐나오고
달빛이 비치는 안마당에서 춤추는 도깨비
누군가의 배꼽에서 동자들이 깔깔대고 줄지어 나오고
겨울밤 하늘 높이 별들이 쏟아져 내려와
내 유리창 문을 두드린다

정신을 차려보니
벌거벗고 명동 복판을 걷고 있는 나
산처럼 솟아 하늘로 오르는 바다, 바다처럼 출렁이는 산
바닷가 모래밭 죽은 나뭇가지에 걸친
화가 달리의 녹은 엿가락 같은 시계
베르히만의 영화 '산딸기'에 나오는
바늘 하나가 빠진 기둥시계

밤중 다락방 속에서 은 나와라 뚝딱,
금 나와라 뚝딱, 장단을 치는 도깨비 남매
어느 틈에 나는 벌써 나이를 먹어 짝짓기를 하는 도깨비
어느 틈에 나는 백발노인이 되어

죽음을 기다리는 도깨비 인생을 살고 있고

삶이 도깨비 꿈이라면, 세상은 도깨비, 깨어나지 않는 도깨비 꿈

어째서 나는 아직도……

　꼭 할 말이 있다고 믿어 중학 때부터 백발이 된 오늘날까지 수천 편의 시를 습작해왔는데도 써야 했을 시를 쓰지 못한 채 희수가 넘도록 내가 밤마다 시에 매달려 있다면 그것은 내가 아직도 철이 나지 않아서인가

　어째서 나는 나이에 걸맞은 지혜에 도달하지 못하고 있는가
　어째서 나는 아직도 깨달음을 얻지 못하는가
　그것은 시가 내게 존재의 궁극적 꿈이기 때문일까
　그것은 아마 시가 나의 둥지이며 살아남기 위한 성채이기 때문일까
　아마 그것은 시가 곧 나의 숨이기 때문일까

　꽃, 새, 산과 바다, 달과 별, 애들과 여인에 황홀하고, 남들처럼 나도 예쁘고 듣기 좋고 향기롭고 따뜻한 시를 쓰려고 애써도 그러한 시가 나오지 않는다면,
　그것은 내가 타고난 시인이 아니기 때문인가
　어째서 나의 시는 나의 소망에 맞지 않는 찢어지는 절규이자 고함이며
　어째서 나의 시는 아직도 깨어진 얼굴, 상처 난 가슴, 박살난 낱말일 뿐이냐

그것은 시가 내게는 삶의 절규이자, 고함이자, 분노이자, 구도의 길이기 때문인가

그것은 아마 지구, 아니 존재 자체가 광란인 인간의 광기 때문인가

아마 그것은 나와 나의 시가 무너져가는 존재의 증언이기 때문인가

무엇보다도 먼저 그러한 증인이어야 할 시적 의무 때문일까

그렇다면 나는 언제 별과 구름, 산과 바다, 새와 꽃을 노래할 수 있는가

언젠간 나도 아름답고 우아한 시를 쓰겠다는 생각에 사무친다

그 침묵의 뜻은

반짝이던 별들은 어디론가 사라지고
구멍 난 하늘에서 폭우가 또다시 쏟아진다
물에 떠나간 농작물, 산사태에 묻힌 마을들

포탄으로 또다시 부서지고 불타는 건물 밑에 쓰러지고
폭격으로 무너진 빌딩 밑에 파편이 되어 찢어진 팔레스타인 사
람들
이제 그들의 외침에 귀 기울이는 이는 아무도 없고

침묵을 깨지 않는 잔인한 세계의 잔인한 양심들
그리고 무한히 깊은 하느님의 가혹한 침묵
그 침묵들에 깊은 뜻이 있을까

태풍과 폭우 앞에서

무엇에 화가 나서 하늘은 태풍을 일으켰나
고목들이 부러지고 마을 지붕이 날아간다
다시 보는 위대한 자연
다시 알게 된 힘없는 인간

무엇에 노했기에 하늘은 폭우를 쏟아내나
논과 밭이 바다가 되고 마을이 떠나간다
다시 깨달은 자연의 장엄
다시 깨우친 인간의 허세

사람들이 무엇을 잘못했기에 자연은 광란하나
하늘이 뒤집히고 땅에서는 난리가 난다
다시 인간을 덮치는 태풍, 폭우 그리고 자연
다시 자연에 파묻히는 마을, 문명 그리고 인간

가면 갈수록 멀어지는 길

이미 오래 걸어온 길
많이 걸어왔다고 생각되는데
뒤돌아보면 나는
제자리
어느덧 해는 저물어가고

다시 걸으면
아직도 갈 길은 멀고
또다시 걸으면
가면 갈수록 갈 길은 더
멀어만 지고

또다시 계속 걸으면
어딘지도 모르고 헤매는 길이고
왜인지도 모르고 가는 길이고
자꾸만 더 어딘지도 몰라지는데
되돌아왔던 것인가

살아 있으니까 가야만 하는 길
가면 갈수록 헷갈리는 길

가까울수록 앞이 안 보이고
어느덧 해는 서쪽에 저물어가는데
깨달음의 길은 더 아물거리기만 하고

태어났으니까 앞에 간 사람들을 따라
손발이 묶인 채 자신의 집행을 기다리는 파스칼의 사형수처럼
서로 꼬리를 물고 뒤에 덮쳐오는 물결의 한낱 파도처럼
빠질 수도, 멈출 수도 없이 가는 길, 어디론지도, 어딘지도
왜인지도 모르고 어디론가 가는, 아니 가야 하는 삶의 길

풍경

붉은 댕기를 두르고 주먹 쥐고 팔을 올렸다 내렸다 하는 네거리 복판의 데모대들

그들이 외치는 슬로건과 아우성 속, 그들과 밀고 밀리며, 맞고 때리며 싸우는 전경들

네 거리 별 넷짜리 호텔 회전문에서 뛰어나온 황소개구리 한 마리

그 앞 큰 길 위를 급히 도망가는 쥐 세 마리

전경들을 싣고 왔던 철사 그물로 둘러싸인 버스들이 나란히 세워진 도로 양쪽

장마 끝 흰 구름과 하늘

온 마을과 들과 길을 쓸고 간 장마 다음
온 마을 사람들의 마음을 할퀴고 간 폭우 후
들과 산, 계곡과 하천을 부수고 나서

더 맑고 더 넓고
더 높고 더 푸르고
더 청아하고 더 고요한
하늘
그리고 거기 흰 구름

흰 구름 쪽지 사이 흩어져 흘러가는
푸른 하늘 쪽지
푸른 하늘 쪽지 사이 소리 없이 흘러가는
흰 구름 쪽지

그 모습 보아도
보이지 않고 보이지 않아도 보이는
하늘의 모습

그 뜻

알아도 모르고 몰라도 알 듯한

우주의 마음

일산 호수공원 철창에 갇힌 짝 잃은 두루미

짝을 잃고 혼자 남은
철책 울 안 한 마리 두루미
한 폭의 동양화

까만 날개 끝
머리 위의 단정丹頂
흰 몸

장대같이 긴 다리
하늘같이 높은
시베리아 두루미의 목

한 마디 말도 없지만
한없이 깊은 의미를 담은
두루미의 검은 눈

똥파리가 있는 한 풍경

환하게 화장한 그녀는 초봄같이 젊고 학같이 우아하다
봄같이 간지러운 원피스 너머 살짝 보이는 것은
살짝 익은 싱그러운 복숭아같이 볼록한 젖가슴
거기 똥파리 한 마리가 기어 들어간다
똥파린 송충이같이 끔찍하게 징그럽다

시원한 초여름 바람이 스쳐간다
아직 똥파리는 날아가지 않고 있다

아파트단지의 간판은 설치 아트 상설전시장

나란히 자리 잡은 포장마차 두 개
순대, 소시지 꼬치를 서서 먹는 애들과 주부
자동차가 지나가는 퇴근길 거리

GS25 편의점, 푸른김밥집, 미시클럽
제주도 똥돼지, 해물탕, PC방
노래방, 영재영어학원, 경희대한약방
연세치과클리닉, 성형외과,
정형외과, 이비인후과, 비뇨기과, 아동화실
태권도장, 컴퓨터닥터, 산부인과
복음교회, 헬스클럽, 단전호흡, 해장국집
닭찜 전문, 철학원, 사우나 24시간
안경마을, 독서실, 파리바게트, 생선집
여행사, 돈까스, 이조설렁탕, 피자헛
외환은행지점, 삼성생명보험, 문방구, 만화서점
비디오·카세트 대여, 스타벅스 커피숍
신통약국, 조기유학 알선, 여행사, 영재수학, 고시학원
피아노 레슨, 왕만두 전문, 파출소
Buy The Way 편의점, 올가 식료품점

마주 보고 차려놓은 포장마차 두 집

소주를 마시고 곱창을 먹고, 대학생, 어른들

출근길 보행자가 파랑 신호를 기다리는 건널목 길

퇴근길 손님을 유혹하는 미시클럽

영안실

친구의 영전에 분향을 마친 문상객들
더 이상 무엇을 하랴
무슨 생각
무슨 말을 하랴
죽음 앞에서, 친구의 죽음 앞에서
죽음의 진실 앞에서는
슬픔도, 철학도, 말도 의미를 잃는다
영안실은 슬프지도 않다

오래 보지 못했던 친구들을 다시 만나는 자리
아주 떠나갈 이 누워 있는 영안실도 만나는 즐거움이 있는 곳
긴 상을 끼고 조문객들이 그리고 백발이 된 친지들이 둘러앉아
삶은 돼지고기, 노란 생선전, 오징어포를 서로 권하고
소주 한 잔, 맥주 한 컵을 나누어 마신다
이런저런 이야기와 농담도 나누면서

문상객들이 하나 또 하나 자리를 뜬다
말없이 영안실을 떠난다
죽음 앞에서, 각자 자신의 죽음을, 삶과 죽음을 속으로 생각하며
모두가 아무 말도 하지 않는 철학자가 되어

종교를 갖지 않은 종교인이 되어

영안실에서 삶은 잠깐이나마 숙연해진다

인천공항에서

끔찍하게 많은 사람들이 매일같이 모여든다
먼 곳으로 여행을 떠나는 사람들이다
모두 한 손에 항공티켓을 들고
서로 다투어 출국장에서 통관수속을 한다
어딘지도 모르고 그저 떠나는 사람들이다
휴가를 위해서 모두가 고달프고 바쁘다

모두 어디론가 떠나고 싶은 사람들이다
모두 어디든지 지금 이곳보다는 좋다고 상상하는 사람들이다
모두 허전한 사람들이다
모두 집에 살면서도 그 집이 편치 않은 이들이다
모두 진짜 있을 곳을 찾는 이들이다
모두 어딘가 딴 곳으로 떠나면 집에 돌아오고 싶은 이들이다

끔찍하게 많은 이들이 안에서 몰려나온다
먼 해외여행에서 돌아오는 사람들이다
모두 한 손에 여행 가방을 끌고
서로 다투어 입국 수속을 마치고 밖으로 나온다
모두 제집에 돌아와 마음이 편해지는 사람들이다
모두 어딜 가도 별수 없다고 느낀 사람들이다

모두 길 잃은 사람들이다

모두 돌아갈 곳이 없는 실향민들이다

모두 집에 돌아오면 어디론가 딴 곳으로

다시 떠나고 싶은 유목민들이다

모두에게 삶은 언제나 어딘가 편치 않다

자기 집에서도 집 없는 우리는 어디로 가랴

동창명부를 들춰보면서

대학원 졸업한 지 벌써 반세기
동창명부가 편지함에 있었다
주마등같이 떠오르는 동창들의
영롱한 젊은 얼굴들

한 장을 열어보면
그 가운데
"서 아무개-국회의원", 그리고
"김 아무개-별세"
6·25 때 일선에서 전사한 그 전우

나는 살아남아 미안하다는 생각이 들고
그래서 나는 아직도 시를 쓴다

두 장을 넘겨봐도
그 속에
"권 아무개-회장", 그것과 나란히
"이 아무개-별세"
감옥에서 세상을 떠난 그 동무

나는 새삼 가슴이 아프고
그래서 나는 지금도 시를 쓴다

셋째 장을 자세히 봐도
거기엔 또
"송 아무개-시인", 그 다음
"박 아무개-별세"
살기에 지쳐 자살했다는 그 친구

나는 살아남아 부끄러운 생각이 들고
그래서 나는 계속 시를 써야만 할 것 같다

훌쩍 반세기, 백발이 되기까지
보고 읽고 생각하고 시를 써왔지만
아직 보이지 않는 세상을 보았을까
타계한 동창 명부의 말 없는 친구들은

함박눈이 내리는 12월 말 거리에서

함박눈이 날아오네
하늘은 온통 속삭이는 눈송이로 환하고
네거리 자선냄비 곁 구세군이 흔드는 종소리가 들리네
어느덧 새 겨울이 깊어지고
흰 수염을 달고 빨강 옷을 입은 산타클로스들이 오네

크리스마스가 다가오네
아픔을 씻고 새 희망을 안은
크리스마스가 오네
꿈을 가득 싣고 눈길로 달려오네

흰 꽃잎들 날아오네
하늘은 온통 춤추는 흰 꽃잎으로 알록지고
사람들의 가슴속엔
기억의 흔들리는 낙엽들이 지네
어느덧 지난해가 저물어가고
새 옷을 입은 아이들에는 세뱃돈을 받는 설날이 오네

새해가 다가오네
헌 옷을 벗고 새 옷을 갈아입은

설날이 오네

희망을 가득 품고 눈 속에서

새 파란 꿈을

꿈꾸네

얼음판 요정의 나비춤: 김연아송

나비가 춤추네
연아가 춤추네
수없이 우아한 원을 그리며
얼음판 위에 몸으로 추상화를 그리네

산새가 노래하네
연아가 노래하네
한없이 우아한 멜로디를 만들며
거울 무대에서 몸으로 노래하네

요정이 노네
연아가 노네
자유자재로 몸의 낱말로
아이스링크 위에 몸으로 시를 쓰네

주말 고속도로에서

나는 개장 같은 아파트에 갇혀 산다
개장에서 해방되고 싶어 밖으로 나오면
콘크리트 아파트단지 빌딩 숲속에 또 갇히고
시내 한복판에 들어서면 하늘을 가리는 더 높은 고층빌딩들

어디를 봐도 또 다른 고층 콘크리트 아파트 건물들로 막히는 시
야
어디를 둘러봐도 쓰레기 같은 간판들에 갇힌 풍경 속
탁한 공기를 마시며
개장 같은 아파트 벽에 싸여 갇혀 산다

개장 같은 아파트를 나오면
공장 같은, 아니면 군인들 병영 같은
어디를 봐도 모두가 네모난 아파트의 끔찍한 숲속에 갇힌다
더 많은 빌딩으로 숲
더 탁한 공기

나는 도시를 빠져나와 서해안 고속도로를 달리고 있다
아파트 속 공기가 답답하고, 개집 같은 아파트 밖으로 나가고 싶
다

아파트 안은 벽과 유리와 다른 아파트 빌딩에 가려 답답하다

토끼장 같은 아파트 밖으로 나가고 싶다

안은 공기 탁하고 가슴이 답답하다

시신기증등록을 하고 나서

세브란스병원 해부학과 사무실
시신기증등록 수속을 한다
약 십 분이 걸렸다

서류 한 장을 내고 밖에 나오니
그 무게의 만 배보다도 더 몸은 가볍고
가벼워진 몸보다 십만 배 더 편해지는 마음

복도에는 바삐 오고 가는 의사와 간호원
휠체어를 타고 서성대는 환자들
환자들을 찾아온 수많은 가족과 친지들

병원 문을 나오니 피부에 닿는 이른 봄바람
서로 부딪치고 비키면서 어디론가 바삐 가는 수많은 행인들
그리고 밀리고 엉키고 꼬리를 물고 달리는 자동차 물결

슈퍼마켓 푸줏간

슈퍼마켓 푸줏간에 가면
소갈비, 돼지다리를 걸어놓고
칼질을 하는 푸주꾼들의 솜씨가 돋보인다
흰 작업복, 거기 묻은 피가 강하지만 곱다

푸줏간에 가면 대학병원의 해부실이 생각난다
의과대학생들에 둘러싸인 해부학 교실
수술대에 누워 노 교수의 칼에 의해서 해부되는
내 시신의 모습이 상상된다.
그리고 모든 것이 세상의 이치라고 생각하게 된다
그리고 나는 편안하다

찬희 형님의 매장

산에 와서 묻힌다
왕릉처럼 가꾼 부모님의 산소 바로 옆
자신은 초라하게 눕는다
쓸쓸하게 묻힌다

슬퍼하는 이도 별로 없이 숨을 거둔 지 3일 만에
조상꾼도 별로 없이 고향의 선영에 초라하게
파묻힌다
물건처럼 파묻힌다

그렇게 많던 말 한마디 없이
먼지 하나 있어도 백 번을 병적으로 닦아야만 했던 형님
장례꾼들이 퍼붓는 황토 흙에 덮여

말 한마디도 못한 채 꼼짝없이
그냥 묻힌다
땅속 깊이 파묻히고 만다

남보다 잘 살려고 유난히 애썼던 형님
남보다도 불행했던 형님

이제 편안히 쉬세요

우리 형님

보라매병원 입원실의 메타포

환자복으로 갈아입고
링겔주사를 팔목 혈관에 꽂고
흰 시트를 새로 깐 침대에 눕는다
병실 유리창문 밖으로 보이는 것은
바다같이 넓고 푸른 초여름 하늘
그 위로 떠가는 솜 같은 뭉게구름

눈같이 흰 구름 봉우리를 바라보면
병실 침대에 누워 창문 밖 들어오는 햇빛을 따라
몸을 뒤척이며 죽음을 기다리면서도 좀 나아질까 애쓰는
보들레르의 산문시 「병원」 환자들이 생각난다
그리고 언제 올지 모를 나의 죽음을 생각해본다
나의 지난 삶의 의미를 생각해본다

인생의 의미, 존재의 의미, 아니 모든 것의 무의미를
생각하면 생각할수록 모든 것이 조용해지고
모든 것은 그와 다른 것으로 바뀐다
들리는 모든 소리는 소리 없는 한 가락 음악으로
보이는 모든 것은 보이지 않는 한 폭의 그림으로
이성에 비치는 모든 것의 모든 무의미는 의미 없는 의미로

병실에 누워

병원에 누워 있으면
모든 간호사들이

젊고
예쁘고
착하다
싹싹하고
따듯하고
천사 같다

누나 같고
엄마 같다

병원에 누워 있으면
모든 간호사들과

이야기하고 싶어진다
그녀들이 거기 더 오래 있었으면 한다

그녀들 모두가 좋아진다

그녀들을 사랑하는 마음이 우러난다
그녀들에게 프로포즈하고 싶은 충동이 생긴다
그녀들에게 함께 살자고 청하고 싶다

누나라고 부르고 싶어지는 그녀들
엄마라고 부르고 싶은 그녀들

연세대 캠퍼스 은행나무 단풍 길

와! 단풍
여름은 가고 또 한 번
가을이 오는구나

교문에 들어서 도서관 앞을 지나니
내 머리, 어깨, 저고리, 얼굴 그리고 발등에 떨어지는 나비떼같
이 날아온 숱한 노란 은행나뭇잎
신랑신부의 어깨 위에 쏟아지듯 내리는 꽃종이 같은

아! 단풍
은행나뭇잎이 쌓인 캠퍼스를 거닐면
가을은 모네, 세잔, 르누아르, 고흐, 마티스의 인상파 그림

설날의 새로운 의미

―79번째의 설날을 맞이하며

설날은 기다려지는 날이었다
어머니께서 따듯한 안방 아랫목에 깔은 요 밑에 두었던 새 양말,
속옷, 바지저고리를
꺼내서 입혀주시던 날이기도 했다
설날은 세뱃돈 받고 식구들과 떡국 먹는 날이기도 했다

설날은 꿈을 키우는 날이었다
형들로부터 서울의 높은 학교의 환상적인 이야기를 듣고, 아버
지로부터는 그곳에 보내주겠다는 약속받는 날이기도 했다
설날은 세계로 나가는 꿈을 키운 날이기도 했다

오랫동안 설날은 객지에서 각별히 외로움에 시달리는 날이기도
했다
그 외로움 속에서 마음의 고통을 견디며
마음을 가다듬고 힘을 내어 작년보다는 크고 나은 희망의 날
새해는 어제가 아니라 언제나 앞에 또다시 올 날이었다

오늘은 내가 79번째로 맞는 설날
어쩌면 내게는 마지막일지도 모르는 설날이다

이번 설날은 내가 살아온 삶의 의미를 전체적으로 생각해보는 날이다

나머지 삶을 보다 의미 있게 할 수 있는 일을 준비해야 하는 날이다

눈 오는 날의 바쁜 까치

담배에 불을 붙이고
4층 연구실 창밖을 내다본다

바로 눈앞
잎이 다 떨어진 높은 나무

거기 달랑 두 개의 까치집
둥지 수리로 바삐 드나드는 두 마리 까치

다가오는 겨울을 준비하나
신방을 꾸미는가

첫눈, 함박눈이 내린다
설날이 다가온다

담배를 끄고
퍼붓는 함박눈의 고요를 바라본다

덕수궁 좌측의 돌담길

덕수궁 좌측의 돌담길을 걸으면 이유 없이 좋다
바라만 봐도 아늑하다
우측에는 높은 돌담
골목길을 들어서면
좌측에는 작은 커피숍 하나와 국숫집 하나
행인들이 많을 때도 조용하다

돌담을 끼고 살짝 돌아 조금 걸어가면
전봇대에 꽂혀 줄을 서서 날리는 미술전람회 광고
좀더 가면 살짝 언덕에는 황토색 벽돌집
지금은 시립미술관으로 변신한 대법원
옛날 거라 좋다, 미술관이라 더 좋다
덕수궁 돌담길이라 역사로도 흐뭇하다

김태길 선생님을 위한 조사(弔詞)

선생은 한 마리의 학이었다

저녁노을 삶의 들에 우뚝 선 한 마리의 학이었다

키가 훌쩍 커서, 그 키보다 컸던 그의 품위가 있어서

그분은 우리 곁에 사시던 한 마리의 학이었다

그런데 그분이 훌쩍 우리 곁을 떠났다

학으로 귀하게 태어나 학으로서 사시다가 우리 곁을 떠났다

그분은 90은 훌쩍 넘어 적어도 1백 살까지 사셔야 했던 한 마리
의 학이었는데

만 90에 가까워도 언제나 청아한 마음과 몸을 지니셨기에 학같
이 생각하고, 말하고 학같이 행동하며 사셨는데

그분은 학으로 태어나 학으로 사셨는데

그 학이 우리 곁을 떠났다 어느 날 새벽 이 세상을 조용히 떠났다

이제 우린 누군가가 뿌려주는 모이를 먹으려 광장에 우글대는
동네 비둘기떼

주말 즐거운 낚시터의 회 파티

올려 챈 낚시 끝에 잡힌 물고기가 초가을 석양에 파닥파닥 강둑
풀밭에 뛴다 남녀 낚시꾼들이 기쁨에 못 이겨 행복한 고함을 친다

사람들은 잡고 먹고
물고기들은 잡히고 먹히고
사람들은 야생동물이 되고
물고기들은 죽음이 되고

싱싱했던 물고기의 배는 어느덧 시퍼런 식칼로 째어지고 물고
기들은
맛있는 횟감으로 요리되고, 소주 한 잔으로 들뜬 낚시꾼들의 술
안주가 된다

멀쩡한 사람들은 야생적 포식자가 되고
생생히 살아 있던 물고기들은 멀쩡한 순교를 당하고
말이 되지 않는 자연의 원리
점잖은 인간은 잔인한 포식자가 되고
아무리 생각해도 인간은 잔인하고
아무리 따져봐도 세상은 말이 안 되고

또 하나의 삶의 방식이 있고

또 하나의 주말이 지나가고

또 하나의 풀리지 않은 자연의 부조리가 있고

또 하나의 삶과 죽음이 있고

소르본대학의 옛 은사에게 새벽 안부 전화

그분의 연세는 지금 95
잠이 오지 않는 밤
지구의 저편 그 분의 건강이 걱정된다
그동안 혹시 무슨 일이라도 있지 않았나
나는 전화기를 든다
프랑스 말로,
"알로! 알로, 알로!Allô! allô, allô!"
"우이! 뚜 바 비엥!Oui! tout va bien!"
"에 뜨와?Et toi?"
"에 따 팜므?Et ta femme?"

노 은사의 아직은 쩽쩽한 음성
선생님이 아직 살아 계시구나
살아남음의 아슬아슬함
살아 있음의 기쁨
삶이란 기적의 기적

가까워지는 아포카프리스

―영화 〈2012〉를 관람하고

대지진으로 엿가락처럼 뒤틀린 지구의 지각
그로 인해 생겨 닥쳐오는 산맥같이 끔찍한 쓰나미
그것이 덮친 오대 대륙 해안의 어촌들이 날아가고
탱크 바퀴 밑에 깔리는 성냥갑처럼
무너지고 부서지고 사라지는 어촌과 농촌

단숨에 아수라장 속에서 무너지고 없어지는 몇 백 년
천년 땀과 피로 이룩한 1백만 또는 1천만이 넘는 거대도시가
단숨에 그리고 영영 사라지고
달랑 남은 것은 아직도 남은 흰 눈에 덮인 산맥

고고히 홀로 그리고 말없이 서 있는 오로지 히말라야 산맥
거기 몇 개의 최고봉뿐
문명의 종말, 지구의 종말, 인류의 종말, 우주 종말
그것이 2012년
2년밖에 남지 않은
바로 코앞의 앞날에 일어나는 사건
오로지 공백만이 남는
사라진 세상만 남긴다는 이야기

영화 〈위대한 침묵〉

―〈Der Grosse Stille〉을 보고

알프스 깊은 산속, 스위스와 프랑스의 국경
우뚝 서 있는 중세의 수도원 하나

검은 옷을 입은 수도사, 흰 옷을 입은
연로한 수도사, 젊은 수도사
백인 수도사들, 흑인 수도사들
열댓 명의 수도사들이 산다

수사들은 말을 하지 않는 수행을 한다
온종일 입이 있어도 말을 하지 않는다
한평생 말을 하지 않고 살다간다

들리는 것은 알프스 산에 내려오는 함박눈 실린 바람소리뿐
들려오는 소리는 계곡을 흐르는 물소리
들리는 소리는 중세 수도원의 석조바닥에
울리는 나막신 혹은 가죽신 발자국소리

십여 명이 사는 중세의 수도원
위대한 침묵, 침묵의 소리

깊은 겨울 알프스 산맥과 명상에 잠기는 인간의 영혼에 울려오
는

위대한 침묵의 침묵소리

폭설이 퍼붓는 태백산 밤의 짐승들

큰 눈발이 쏟아진다
그치지 않고 태백산에 폭설이 내린다
들, 숲, 산은 온통 눈으로 희게 덮였다
온 세상이 숭고하고 태백산의 풍광이 아름답다
하지만 산과 들의 버러지들, 갖가지 새들
그 많은 짐승들, 그렇게 아름다운 동물들은
어디로 가서 눈과 추위로 덮인 이 밤을
어떻게 보낼 것인가
어떻게 이 눈보라를 견딜 것인가
어떻게 살아남을 것인가
생각할수록 잠이 안 온다
생각할수록 앞이 캄캄하다
집 없는 태백산 동물들이여
'화이팅!'

아직도 쓰이지 않은 시

맑은 호수 아주 밑바닥
보일 듯하면서도 아직 보이지 않는
읽힐 듯하면서도 아직 확실하지 않은 글씨
쓰일 듯하면서도 아직 쓰이지 않은 시 하나
아직 쓰이지도 않고
잘 읽히지도 않는 글자 하나
'시'란 낱말 하나
아니
한 편의
시

영상 환경오염

날이 갈수록 오염되는 영상매체
시각적으로 휘황하고 청각적으로 정신없고
영적으로 병든 환경
문명오염

보나마나 오락
오락마다 웃지 못할 코미디
음악마다 정신 빼는 소음
너무 가볍다, 너무 천하다

자나깨나 TV영상
보나마나 TV광고
광고마다 상품광고
갈수록 떠들썩한 영상매체

부산한 TV영상광고에 싸여 산다
사라 한다, 사고 또 사고
쓰고, 소비하고 버리고
또 사서 설사하고 쓰레기로 버리라 한다

나는 새에 반했고, 개는 나의 동무였다

나는 시골에서 자랐다
그리고 나는 새를 유난히 좋아했다
산새를 잡아 새장을 만들어 넣고 키웠다
봄과 여름에는 벌레들을 잡아 먹이고
가을과 겨울에 서속과 쌀알도 구해 먹였다
새장 속에 예쁜 둥지도 만들어 주었다

나는 궁핍했던 시절에 태어나서 자랐다
그리고 나는 고기를 유난히 좋아했다
쇠고기, 돼지고기 그리고 새고기까지도 좋아했다
겨울이면 낮에는 눈에 덮인 밭 끝에 놓은 덫에 걸린 새를
밤에는 초가집 지붕 추녀에 둥지를 틀고 잠자는 참새를 잡아
사랑채 부엌 아궁이에 군불을 때는 일꾼을 졸라 구워 먹었다

나는 삭막한 마을에서 자랐다
그래서 나는 개를 유난히 좋아했다
먼 동네 어느 농사꾼 집에서 강아지를 구해
'피에르'라는 프랑스 이름을 지어주고 쓰다듬고 안아주고 뽀뽀
했다
학교에서 돌아오면 개와 함께 뛰놀고 서로 좋아했다

나는 가난한 시절에 태어나서 궁핍하게 성장했다

그리고 나는 고기를 유난히 밝혔다

쇠고기, 돼지고기, 그리고 개고기까지도 좋아했다

일꾼이 나의 개, '피에르'의 목에 끈을 옭아매어 끌고 갈 때 나는
울며 막았다

뜨거웠던 그날 여름 저녁 온 식구가 개장국이 된 나의 개를 먹을
때

나는 내 몫 외에 또 한 그릇의 개장국을 맛있게 먹었다.

77번째의 꿈을 꾸면서

아직 큰 눈도 오지 않았는데
어느덧 또 한 해가 저물고
벌써 또 한 번 새해가 오고
새해에 할 일을 생각해보네
나는 일흔일곱 번째 새 꿈을 꾸어보네

첫 번째 맞던 새해는 엄마의 젖을 먹는 행복한 꿈을
두 번째 꿈은 설 옷을 입고, 세뱃돈을 타는 꿈을
세 번째론 강아지와 함께 눈 덮인 들에서 마음껏 뛰어노는 꿈을
네 번째의 꿈은 기차를 타고 서울에 가서 교복을 입고 '높은 학교'에 다니는 것
그리고 다섯 번째론 어서 어른들처럼 술 마시고 담배를 피우는 어른이 되는 것

아직 큰 추위도 오지 않았는데
어느덧 일흔여섯 번째로 해가 저물고
나는 일흔일곱 번째의 새해를 맞고
일흔일곱 번째로 새해에 할 계획을
일흔일곱 번째의 꿈을 꾸어보네

60년 동안 피우던 담배를 끊고
별들도 잠이 든 새해의 산정에 올라가
청명하고 시원한 공기로 가슴을 채우는 꿈을
넘실대는 산맥들, 환히 퍼진 들판, 높고 밝은 하늘
우주 그리고 존재와 함께하는 꿈을

바닷가 거룻배 하나

달 밝은 밤하늘 바닷가
거룻배 하나
별만 많고
사람은 없다

은하수의 잔잔한 빛의 물결 가락
무한히 먼 우주로 떠나는 마음
별을 보며
물결을 타고

어릴 적 꿈을 실은 거룻배 하나
보이지 않는 의미를 찾아
알 수 없는 물음의 물결을 타고
끝나지 않은 먼 출발

인생은 병원이고 병원은 인생이다

병원은 병자들로 시장같이 부산하고
입원실은 누워 있는 환자들로 가득 차고

진찰을 기다리는 환자들
자신의 차례를 기다리는 수술환자들
약을 사는 환자의 보호자들
장례를 치르는 가족

살아서 입원하는 환자
죽어서 퇴원하는 환자

살려고 입원하는 사람
죽으려고 퇴원하는 사람

인생은 시인 천상병의 말대로 '잠깐 온 소풍'
병원은 인생이 잠깐 쉬어가는 소풍지

자연은 인상파 화가이다

어깨 위로 쏟아져 내리는 알록진 나뭇잎
고개를 들고 두 손을 벌리면
그 너머 보이는 청명한 가을하늘

은행나무 잎으로 덮인 캠퍼스의 길을 걸으면
연세대 캠퍼스는 한 폭의 동영상

우주는 그냥 회전하는 기계가 아니라 약동하는 자연
자연은 그냥 산천초목이 아니라 살아 있는 창조자
자연은 그냥 창조자가 아니라 환상적인 화가

일산 두루미의 좌선(坐禪)

아직도 혼자서 살아 있네
죽지도 못하고 갇혀 있네
삶은 가혹하고
세상은 무심하고

또 한 번 보러 온 호수공원
혼자 서서 그냥 존재하는 일산 두루미

일산공원 두루미는 좌선을 하네
앉을 수가 없으니 서서 하네
눈이 감기지 않아 눈을 뜨고
텅 빈 우주의 넘쳐나는 의미를 보고

우주의 가득 찬 공백

1
한밤중에 깨어
혼자 책상 앞에 앉아
아무 생각 하지도 못하고 나지도 않는데
그냥 빈 채로 앉아 있다

허전해서 편한 시간
모든 것이 비어 있어
모든 것이 가득 찬 공간
시상이 솟지 않아 시 구절을 구상해본다

의미가 없어 충만한 하얀 시간
내가 부재한 나의 존재
침묵 속에 들리는 우주의 음율
우주의 조용한 의미를 새겨본다

공백의 의미
침묵의 의미
존재의 의미
그 의미의 무의미

지금 나는 꿈을 꾸고 있는가
나는 지금 울고 있는가
나는 지금 존재하는가
지금 나는 무엇을 찾고 있는가

모든 것이 보였다가 사라지고
모든 것을 생각하다가 생각나지 않고
찾아질 것 같은 무엇인가를 찾아도
찾아지지 않는 그 무엇인가를 찾아보아도

우주의 교향곡

2
나는 가을이다
늦은 가을
가을은 사색한다
나도 사색하는가

나는 낙엽이다
물든 낙엽
낙엽은 아름답다
나는 아름다운가

가을은 깨달음이다
촛불 깨달음
깨달음은 환하다
나는 환한가
밝아진 자연
환해진 세계

그 윤곽이 보이는 우주
그 의미가 탄생하는 존재

3
가을이 지나면 겨울이 오고
겨울이 오면 눈이 쌓이고
눈이 쌓이면 자연은 잠에 들어가고
자연이 잠에 들면

자연과 인간은 다시 하나가 되어
자연은 말이 없고
시인은 깨어
난해한 시를 쓰고

자연은 말없는 쉬운 시를 쓰고

자연의 시는 그 겉의 뜻은 알 수 없으나
그것의 숨은 뜻은 분명하고
자연은 그 자체가 시이고

우주의 진리는 곧 우주이고
삼라만상은 의미를 띠고
우주의 의미는 무의미가 되고
존재의 무의미는 의미로 탄생하고

꿈속의 형이상학적 토론

그것들은 우주의 일부, 실체가 아니다
그것은 세계를 인식하는 안경이거나
칸트식 하이데거적 존재의 집이다

1, 2, 3 등으로 표기하는 수는 각기 객관적 존재를 지칭하고
'1+2=3'이라는 수학적 명제는 가장 자명한 진리이며
'원의 총 각도는 360이다'라는 명제는 객관적 진리이다

정말 그런가? 그렇다면 그것은 어디에 있는가?
1, 2, 3이라는 기호가 객관적 존재를 지칭한다면
그것이 보이지 않아도 형이상학적 객관성을 갖는다면

시간과 공간이 존재가 아니라 존재를 보는 안경이라는 주장 시
간과 공간이 있으면서도 없다는 주장은 말이 되지 않는다 1, 2, 3이
라는 숫자, 기하학적 진리라는 주장은 말이 되지만 안 된다

꿈속에서 세상은 아름답지만 생각은 어지럽고
대낮에 세상은 훤하지만 밤이 되고 꿈속에서 들어가면
그것은 한없이 헷갈리고 어지럽고

대체 존재란 무슨 뜻이기에
대체 진리란 무엇을 가리키기에
대체 형이상학이란 무엇을 하기에

1, 2, 3이라는 숫자는 객관적으로 존재하는 실체인가
아니면 인간이 편의상 만든 개념인가
이것도 아니고 저것도 아니라면

알 듯하고도 모르겠고
모르고도 알 듯하다
그것들의 개념 보편성과 구속력의 절대적 힘은
어디서 오는가

영원한 것들

무한히 장대한 공간을 떠도는
우주의 고독

영원한 소용돌이 속에
들리지 않는
존재의 침묵

끝없이 깊은
어둠 속에서 외치는
존재와 무의
무의미의 의미

잠이 오지 않는 함박눈 퍼붓는 밤

잠을 깨어 창밖을 내다보니
눈이 소리 없이 퍼붓는다
강한 바람에 흔들리는 창문 소리에 잠이 깨어
강추위에 떨리는 밤

낮에 길에서 모이를 주워 먹던
까치들은 어디에 있을까
북극의 빙산이 녹아
북극의 곰들은
어미나 새끼나
바다사자들을 잡지 못하고
먹지도 못한 채
다 같이 굶은 채 녹아 자꾸 좁아지는

빙산 위에 떠서, 작은 눈으로
먼 빈 하늘만 바라보며
굶어 죽어가는 흰곰 새끼들은
지금 어떻게 되는가
빙산이여, 녹지 말고
백곰들의 삶터로 남아다오

백곰 새끼들의 놀이터로 남아다오

바다사자들이여!
빙산으로 올라와
굶주린 어미 백곰의 먹이가 되어다오
죽어가는 백곰 새끼들의 젖이 되어다오

할아버지의 팔을 잡아드려라

할아버지의 걸음걸이가 이상하다
할아버지가 비틀거리신다

넘어지실라
할아버지를 부축해드려라
이 노약자의 팔을 잠깐이라도
잡아드려라

아무리 갈 길이 바쁘더라도 급하더라도
그분이 남이라 하더라도

그분이 비틀거리신다
그분이 쓰러지실라

이 할머니를 부축해주세요

꼬부랑 할머니의 걸음이 위태롭다
그 할머니의 손을 잡아주세요
금방이라도 넘어질 듯 휘청거리는
저 꼬부랑 할머니를 부축해주세요
쓰러질 듯 힘들게 버스에 올라가는
그 할머니를 도와드리세요

두 살 난 아이보다도 힘들게 걷는
저 할머니가 버스를 타다
낙상해서 바닥에 쓰러지지 않도록
말입니다

성저공원에서 만났던 박새는
눈송이가 퍼붓는 이 밤을 어디서 지새울까

열대지방과는 달리 알록달록 색깔이 고운 멋쟁이 새들이 거의 없고 참새, 까마귀만이 흔한 한국에서는 까치만 해도 매력적이고, 산속에서 만나는 노랑 빛 방울새나 파랑, 노랑, 회색을 한, 박새는 아주 신기하고 아름다운 새다 나는 일산 성저공원에서 박새를 보았다 지난 가을까지만 해도 나는 그 새를 보러 성저공원을 자주 찾았다

겨울이 깊어 가고, 찬바람이 불며 저녁 비 섞인 눈이 발목까지 쌓인다 나는 박새를 보러 성저공원에 올라간다 사람도 박새도 보이지 않는다 오늘밤 박새는 무엇을 먹고 어디서 밤을 지새울까? 박새는 얼마나 추울까 박새가 얼어 죽지 않고 살아남을까? 꼭 살아남아야 하는데

강풍 속 눈보라 몰아치는 밤에 떠오르는 상념들

눈보라치는 밤

많은 생각들

땅속에 묻혀 계신

어머니, 아버지 형님들의 얼굴

어릴 적 내가 뽀뽀하며 사랑했던 강아지

그리고 6·25 때 전선에서

이슬같이 사라진 전우들

가난한 사람들의 달동네

가난한 나라 사람들

산속이나 들 바닥 집 없이 떠도는 새들과 동물들

인류가 진화한 의미

문명의 의미

우주의 의미

궁극적으론

존재 자체의

궁극적 의미

별의 고독

별 하나
혼자서
깜박 깜박

구름 없는 밤하늘
반짝 깜박 반짝 깜박이는
별의 고독

우주를 흔드는 침묵
칠흑 같은 어둠 속
외딴 별 하나

잠 이루지 못하고
고독하게 깨어 있는
겨울 밤 별 하나

가득함의 공백
무한한 존재의 무
허망한 고독의 침묵

설경

쉬지 않고 함박눈이 내리고
들리는 것은 오직 깊은 침묵뿐
보이는 것은 오직 하얀 명상뿐

함박눈이 쉬지 않고 쌓이는 오후
온 세계는 선방禪房으로 변하고
눈을 감고 참선參禪에 잠기는 우주

말없이 내리는 함박눈은 큰 깨달음
짙은 설경은 깊은 우주의 해탈
하얗게 쌓인 함박눈은 청아한 존재의 마음

함박눈이 쌓이는 날의 풍경

함박눈이 내리는 날은
온 세상 전체가 한없이 깊고 조용한 음악으로 변하고
한 송이 한 송이 무한 수의 눈송이는 각기 고요한 악기가 되고
하늘과 땅은 하나의 우주 교향곡으로 울려온다

머나먼 하늘에서 소리 없이 땅에 내려오는 이마와 볼에
사뿐히 내려앉는 함박눈에
온 세상은 깊은 침묵 속에서
마음은 따뜻해지고 우주는 한없이 아름답다

산과 나무 위에, 들과 도시에 함박눈이 쌓이는 날이면
세상은 아름답고, 우주는 고요하며 마음은 평화롭다
함박눈이 쏟아지는 날이면, 존재하는 모든 것들은
눈송이처럼 청아하고 아름답다

함박눈이 내리는 날이면 너나 나나
사람이나 동물, 하늘이나 땅
시간과 공간, 모두가 하나가 된다
존재와 무가 하나같이 무한해진다

짐승들의 가자가지 신비로운 섹스 방식

산새들의 고요한 초고속 섹스, 소리 없이 암컷 등에 올랐다 하면
소리도 없이 등에서 내려오는 수놈
무엇을 했을까, 어떻게 그 일을 했는가

수컷 메뚜기는 암컷의 등 위에 오래 붙어 있고
떨어지지 않는 사랑 얼마나 좋으면 그렇게
오래 등 위에 붙어 있을까

시작했다면 몇 시간 몇 시간 떨어지지 않고
떨어지려 해도 떨어지지 못하는, 구경하는 애들에 둘러싸여
민망스럽고도 딱해 보이는 개들의 푸짐한 사랑

암사자가 땅바닥에 납작 배를 대고 엎드려 수컷을 유혹하고
수놈이 그 등에 올라 앉아 목을 물고 오르가즘의 환희를 외치는
순간
암놈은 수컷을 잡아먹을 듯 이빨로 물어뜯고
목숨을 건 사자의 사랑

내가 정말 바라는 것은 무엇인가

지금까지 내가 정말
바란 것은 무엇이었던가
아무리 뒤돌아 더듬어 보아도
나는 모른다
나는 그냥 살았다

내가 지금 정말 원하는 것은 무엇인가
아무리 생각해도 모르겠다
나는 아직도 그냥 모르고 산다

내가 앞으로 정말 해야 할 것은 무엇인가
아무리 찾아봐도
나는 대답이 보이지 않는다

백발인 지금도 나는
나 자신도 모르는 시만 그냥 쓰고 산다

일산 호수공원의 살아난 배롱나무

잔디를 덮었던 눈이 녹아 봄이 온 지 벌써 오래고
따듯한 봄 햇살에 잔디의 새싹이 솟은 지도 꽤 되고
개나리, 진달래꽃도 피었다 벌써 지고

능수버들가지나 연둣빛 잎들도 어느덧
봄바람에 소리 없이 날고 있는데
유독 한 무리 배롱나무들만은 겨울의 추위를 못 견디고
앙상한 회색빛으로 말라붙어 죽은 것만 같았다
그러나 오늘 아침 산책길에
나는 안도의 숨을 크게 쉬었다
그 나뭇가지들 끝마다 파릇한
연둣빛 잎이 솟아나고 있는 것을 보았다

배롱나무들도 호되었던 겨울을 이겨 다시 살아 있다
'살았었구나! 살아남았구나, 배롱나무들이여!'
나는 이제부터 그 우아한 빛과 모양으로
아름다운 배롱나무의 꽃이 피기를 기다린다

바람직한 삶과 죽음

사람은 사람답게 살고
동물은 동물대로 살고

남자는 남자대로
여자는 여자대로
군자는 군자대로
악당은 악당대로

개는 개대로 짖다가 죽고
새는 새대로 울다가 죽고

사람과 동물, 남자와 여자는
다 같이 살다 죽고
남자와 여자, 개와 새, 남자와 여자
개와 새로 살다 죽고

태어남과 사라짐이 자연의 의식儀式이라면
삶과 죽음은 우주의 의식이고

삶과 죽음이 존재의 또 다른 의식이라면

기쁨과 슬픔도 무한한 공백의 의식이다
오늘 내가 인간의 예의를 갖추려고
친구 조문을 왔다면
내일 나는 조문 온 친구의
분향의 향기를 즐길 것이다

오늘 인생은
탄생의 축연祝宴이지만
내일 나의 인생은
병원에 차려놓은 분향소가 되는 것이다

나의 명상

공백을 찾다가
그늘에 기댄다

침묵을 듣다가
생각을 멈춘다

의미를 찾다가
언어를 지운다

나의 소원

아직도 잘은 모르지만
비우고 싶다

아직도 확실하지 않지만
텅 비우고 싶다
모든 것을 아주 털어버리고 싶다

암만 해도 잘은 모르겠지만
꼭 알고 싶다
내가 정말 무엇을 원하는지를 알고 싶다

아직도 무엇인가 허전하기에
쓰고 싶다 신선한 시를

죽음에서 살아나다
—6·25 전쟁 60주년 기념일에 부쳐서

1

60년이 지나도 그날의 기억은 아직 생생하다

그 혼란, 그 절망, 배고픔, 추위, 그리고 죽음의 공포

그 가난, 무슨 일이 닥칠지 모르던 내일에 대한 불안

하루살이 같은 삶, 임자 없는 개같이 헤매던 하루하루

시골 고향으로 피난 가서 쥐같이 숨어 살던 영원한 3개월

잡혀갈까 두려움 속에 지옥 같던 공산 치하 3개월

2

개미떼 같은 중공군 백만 대군의 침입

다시 서울을 뒤로한 피난

마침내 부산과 대구만 겨우 남고

공산군에 점령된 대한민국

낙동강은 최후의 지옥 같은

아비규환의 격전

아군과 적군의 시체로 덮였던 낙동강변

물 대신 피가 흐르던 낙동강

나는 부산 영도 제 5 육군병원
부상병들로 가득 찬 병동에서 누워 있었다
페니실린도 없어 그냥 살이 썩어가도
그저 죽어가던 학도병들, 부상병들 틈에서

하늘이 무너지는 듯한
포화와 폭격기의 폭음 속
맥아더 장군의 인천 상륙, 서울 재탈환 성공
만세, 만세, 대한민국 만세!

3
잃어버린 젊음, 사랑도 모르고
피 흘린 청춘, 행복도 모르고
모욕과 가난으로 상처받은 인생
찢어지게 서글펐던 세월이여!
하지만 죽지 않고 살아남았다
우리 모두, 우리 대한민국이

죽음에서 살아나
폐허에서 일어났다
잿더미에서 일어났다
시체더미에서 살아났다

노래를 짓자, 희망의 노래를
노래를 부르자 춤을 추자
푸른 하늘 나르는 마음의 노래
흰 구름 타고 떠가는 환한 눈

네팔, 눈에 덮인 히말라야 산봉

늦은 오후 막 이륙해서 하늘에 뜬 인도행 비행기
그 창문으로 한눈에 들어오는 조감도鳥瞰圖, 아니 오감도烏瞰圖
차츰 멀어지고 작아지는 네팔의 수도 카트만두
파도처럼 자꾸 퍼지는 주변의 고원과 산맥들

아 보인다
저기 그 산봉들이 보인다
구름 위에 떠 있는 히말라야 산맥이 그리는 지평선이 퍼진다
지구의 지붕이 보인다

눈에 덮인 순백純白 산맥은 지구의 학같이 귀하고
견고한 수정같이 깎인 산봉은 당당하고도 순결하다
우뚝 높아 더 성스럽고 아름답고
말이 없기에 그 의미가 깊다

석양에 비치는 눈에 덮인 산봉은 우주의 수정
우주의 흰 옷 입은 수도승같이 경건하다
온난화로 눈사태에 시달리는 히말라야 산맥
자연의 남은 희망같이 거룩한 그 산봉

네팔, 바그마티 강변의 힌두교 성지,
시바신의 파슈파티나트 사원 화장터에서

1

히말라야의 바그마티 강이 바라나시의 갠지스 강의 원류라면

바그마티 강변 화장터는 갠지스 강변 화장터의 원형

바그마티 강 화장터가 네팔인의 성지라면

인도의 갠지스 강 화장터도 인도인들의 성지

인도의 화장터가 힌두교의 순례지이듯

네팔의 화장터도 힌두교의 순례지

2

눈부신 순백의 옷을 입고 우뚝 솟은 히말라야를 배경으로

작은 시내 같은 바그마티 강변에서

불이 붙은 다비茶毘에 얹힌 두 구의 망자가 불에 타고

장작개비의 연기가 강물 위에 번지고

무거운 육신이 꿈이 되어 사라지는 냄새가 난다

그리고 또 두 구의 망자가 차례를 기다린다

의식儀式을 치르는 가족들이 강물에 꽃을 띄우고

건너편 둑 위에서 구경을 하는 관광객들은

말은 없어도 각자 자신들의 죽음, 삶의 의미, 우주의
대답 없는 원리를 잠깐 생각해보고

히말라야 산의 원천으로는 믿어지지 않게 구정물이 된
바그마티 개천에 옷을 벗고 들어간
어린아이들이 찾는 것은 무엇, 그것은
혹시 망자가 두고 갔을지 모를 금이빨이란다

3
바그마티 개천 둑에 서서 화장 의식을 구경하는 관광객들
　뒤에 바위 위에 쪼그리고 앉아 구경하는 세 명의 늙은 요기yogi,
힌두교 수행자
　삶의 네 단계 중 마지막 단계에서 삶의 모든 것을 털고, 버리고
온 은둔자
　순례를 마친 수도자, 반은 옷을 벗은 은둔자
　성자가 되어가는, 딴 세상으로의 해탈자
　얼굴과 온몸에 희고, 푸르고, 빨간 색을 칠한
　오스트랄리아의 원주민 같은, 히피의 선조 같은
　힌두교에 대한 책에 나온 사진 같은
　속세를 떠난 수행자, 네팔인, 힌두교 요기에게
　나는 '원' 달러를 주고 그들의 사진을 찍는다

4

　희고 흰 눈에 덮인 히말라야 산과 오물로 누런 바그마티 개천이 하나가 되고 네팔의 바그마티 개천과 인도의 바다 같은 갠지스 강이 하나가 되는 지구의 지붕 히말라야 산맥 위 코발트 하늘과 바그마티 개천 밑바닥이 맞붙고 삶과 죽음, 이승과 저승, 이곳과 저곳, 속세와 초월이 만나는 모든 것의 경계와 형체가 사라지고, 이것도 저것도 아니고 부분과 전체, 어둠과 빛, 순간과 영원이 일치하는 꿈같은 순간과 공간 이곳 네팔의 근교, 바그마티 강, 아니 개천 화장터를 스쳐가다 보면 나는 모르겠다, 꿈인지 생시인지, 여기인지 저기인지를

네팔, 쿠마리 여신의 집

초경 이전까지 그녀는 네팔의 여신으로서 숭배를 받으며 작은 사원 같은 이 집 2층에 갇혀 혼자 산다 그녀가 초경을 치른 직후, 다시 여느 아가씨가 되어 부모의 집으로 돌아갈 때까지 몇 년이고 그녀가 보는 세상은 밖의 세상과 차단된 그 방안뿐이며, 그녀가 만나는 사람은 그녀를 시중하는 늙은이 몇 명뿐이다

하지만 예외가 있다 그녀는 하루에 한 번 정해진 10여 분 동안 집 안 뜰을 향해 난 문을 살짝 열고 밖의 세계와 시각적으로 접할 수 있다

관광객들이 여신의 얼굴을 보러 모여들었다

봤다 초경을 하지 않아 아직 여신으로 남아 있는 소녀가 방문을 살짝 열고

밖을 내다봤다 그리고 나도 봤다 그 여신을, 앳된 그 여신의 웃음 진 얼굴을

초경을 하면 그녀는 여신이기를 멈추고, 여느 소녀로서 제집으로 돌려 보내지고

그러고 나면, 여신이었기 때문에 결혼도 어렵고 윤락의 길을 걷게 되기 쉽단다

아! 잔인한 관습이여! 아 어둠의 믿음이여!

잠깐 본 그 철모르는 어린 여신의 얼굴이 잊혀지지 않는다!

생각만 해도 애처로운 그녀의 운명을 생각하면 잠이 오지 않는다

바라나시, 갠지스 강 순례지에서

바라나시의 순례

11억 힌두인들 모두의 꿈

인도의 영적 종착지

갠지스 강변 화장터

삶의 영원한 소원, 인생의 궁극적 목적지

아주 오래전 멀리 떠났던 깨알 같은 새끼가 큰 고기가 되어

때가 되면 몇십만 리 고향으로 돌아오는 연어처럼

수천 리 길을 찾아와 죽는 순례자들의 영혼의 고향

지구의 탄생과 함께 45억 년 흐르는 갠지스 강

350만 년 동안의 몽매 끝에 얻는 찰나刹那의 깨달음

그 순간을 찾아 가시밭길을 걸어 영혼들이 찾는 강변

3천 년 전 시작된 11억 인도인의 순례지

사방은 새벽안개로 아직도 몽롱하고

쪽배를 타고 떠 있으면 어느덧

양쪽으로 붙는 상인들의 쪽배

기념품, 그림엽서 사라는 젊은 내외들의 아우성

다비茶毘의 장작개비 위에 타는 망자의 시체와 그 냄새

갠지스 강 성수에 머릴 박고 온몸을 정화하는 순례자들

손에 든 촛불에 비치는 것은 강물 위에 떠 있는
연꽃잎들, 인분과 성우聖牛의 배설 찌꺼기
바라나시, 내가 바라보는 것은? 갠지스 강, 내가 가는 곳은?

찰나와 영원, 이승과 저승, 속세와 성역의 교차로
속박과 해방, 혼돈과 질서, 어둠과 빛의 경계선
안개 낀 갠지스 강의 먼동, 깜박이는 내 손의 촛불

뭄바이의 한 거리에서

길거리 나란히 서 있는 판잣집 상점들
거기 허드레 물건을 놓고 손님을 기다리는 주인들
깡말랐기에 더 커 보이는 까만 두 눈알

땅바닥에 발을 펴고 엎드려 있는 두 마리 개
담 위에서 깡충깡충 뛰어노는 원숭이 떼들
길 한복판을 어슬렁거리는 성우聖牛 한 마리
성우의 배설물을 헤치며 모이를 찾는 닭 몇 마리

인도에서는 모두가 공존, 공생한다
가난과 부, 동물과 인간, 이승과 저승이
현상의 오물과 영혼의 청정함이
혼돈과 질서, 땅과 하늘이

인도에서는 사람과 동물들이 모두 한 식구가 되어
브라만과 수드라가, 천당과 지옥, 힌두교와 이슬람이 한데 어울
려 공생한다
인도는 하나가 되어 영원한 비폭력, 아심사Ashimsa
모두가 단 하나인 우주, 브라만·비슈누·시바

2009년 10월 14일 인천 공항과
프랑크푸르트 행 KE905 기상에서

인천공항을 뜬 점보제트기 747기는 끔찍하게 크다

그렇게 크고 무거운 기계가 몇 천 킬로미터 속도로 하늘을 떠가는 것이

믿어지지 않는다

4백 명에 가까운 여객과 그들의 산더미 같은 짐을 싣고

11시간 동안 쉬지 않고 지구의 거의 반을 날아 서양의 한복판

프랑크푸르트 공항에 도착했다는 것이 믿어지지 않는다

과학이라지만, 과학이기에 더욱 믿어지지 않는다

거짓말 같고 꿈만 같고

신화만 같고 환상만 같다

오! 자연의 법칙

오! 인간의 지혜

자연은 물질이지만 그냥 물질일 수 없다

인간은 동물이지만 그냥 동물일 수 없다

신이 있어 이런가

신이 없어 그런가

기막히고 생각이 끊긴다

(문명과 자연의 질서, 과학적 원리와 기술에 대한

새로운 경의와 경외를 표하며)

FrankfurtBuchmesse 2009/10/17 독일

그 많은 사람들

그 많은 지식인들

그 많은 책들

그 많은 저자들

그 많은 시인들

('프랑크푸르트 도서전'에서)

Wetzlar성당 및 Goethe & Lottehaus Plaza

청아하고 고풍스러운 골목과 또 오래된 광장

역사 그리고 중세와 계몽기

금방이라도 어린 왕자가 더 어린 공주를 만나려고

나타날 것 같은 골목길, 꼬부랑길

큰 성당을 끼고 꼬부라진

돌을 깔은 작은 돌길

젊은 로테에 반한

젊은 괴테가 나타났었을

중세의 독일 시골 도시 골목길

히말라야 골짜기에서 추락사한
한 알피니스트, 고미영의 소식을 접하며

위를 쳐다보면 하늘에 솟은 흰 히말라야 산봉들뿐
어디를 보아도 눈이 닿는 곳은 눈에 덮인 광활한 눈의 우주
그 흰 계곡에 몇 천 미터 높은 산정에서 추락한 여자 알피니스트
히말라야 최고의 산정을 정복한 그녀

어느 찰나에 발을 헛디디어 끝없이 낮은 계곡으로 추락해서
아무도 없는 곳에 혼자 말없이 누워 있는 그녀 고미영
어떤 찰나에 저승으로 간 용감한 알피니스트

사방 어디를 둘러봐도 그저 희기만 한 눈의 세계
사방 어디에 귀를 기울여도 들리는 것은 침묵뿐
사방 어디를 둘러봐도 보이는 것은 오직 순백의 눈

눈 위에 누워 그녀가 멀리 바라보는 코발트 하늘에는 구름만이
곡예를 하고
그녀의 알록진 빨간 등산복이 유난히 곱다
아주 혼자서 산과 눈과 히말라야 산과 그리고
우주와 하나가 되어 히말라야 산봉 넘어 하늘만 쳐다보고
거기 코발트색 하늘을 찬미하듯 보며 누워 있는 여인 알피니스

트

그 높고 광활한 순백의 세계

신비스러운 삶과 죽음의 경계

숭고한 눈에 덮인 히말라야 산맥은 말이 없고

흰 눈처럼 깔끔히 살다 장엄히 혼자 떠나는 삶

백합꽃처럼 아름답고

산과, 눈 산과 높은 산과 살다가

산에서 장엄하게 혼자 떠난 그녀

아이티 지진의 속보를 보며

그는 존재하지 않는다
하느님은 없다

그가 정말 존재한다면
그는 잔인하다

악은 다름 아니라 인간의 무의미한 고통이며
악은 다름 아니라 모든 존재의 이유 없는 고통이다

만약 존재하는 하느님이 침묵을 지킨다면
그보다 더 잔인한 것은 생각할 수 없다

하느님은 아무 말이 없고, 가난한 아이티 사람들이 절규하고
인류가 고발한다 아니 모든 생명체가 고발한다
그의 잔인한 침묵을, 그의 가혹한 부재를

대인(待人)

사람과 차의 조수가 밀리는
어느 저녁
가로수에 기대어
낙엽을 밟고 기다리마
기다림은 어둠을 뚫는 통로
어느 허무의 빛이다

낙엽 위에 서서
주인도 없는 노예처럼 슬픈데
고독은 구름
그리움의 호수에 구름이 뜬다
모두가 뿔뿔이 헤어지는 거리
죽음과 나란히
너를 기다리는 그리움

염통은 없어도 사람은 호흡
누군가가 다정할 수 있을 사람 같은
아무래도 좋다 기다림에 탄다
화제가 끊어지면
밤을 밟고 어느 우화라도 꾸미고

미스 A, 미스터 B…

사랑은 죽음에의 유일한 승리

사막 같은 세대는 폐허가 되고

고백할 내용이 없어도 태양의 탄생처럼 기다린다

죽음에 기대어 낙엽 같은 사람

소용이 없어도 이렇게 기다린다

(경향신문, 1956)

정착지 없는 여권

어쩌다 잘못 머문
나의 역은 폐허

때 묻은 손바닥 안엔
정착지 없는 여권이 있고
시간이 건드렁 멈춘 역 뜰 위
피난민 같은 사람들

아 그리움의 낙엽이 웅성거리고
모두 바람에 날려
자꾸 떠나고 싶은 마음

지쳐 끌려가는 행렬에 끼어
덧없음을 씹으면
그리움의 등에는
십자가가 박히고
기울어지는 삶과
또 마지막 소원처럼 외치는 기적汽笛

병원 속 같은 지구 위에

그리움의 그늘이 싸여, 지금
나의 여권은 지구의 고독

(경향신문, 1956)

불행 속에서

불행 속에서
무디어가던 고독이 피고
또
고독은 자기로 돌아가는 빛이다

빛은 입김과 같이 타고
한 숨결마다 끊어진 시간이
끝없이 연이어가듯
이제 우리는 그 속에서
허영의 무덤을 마련한다

모두가 어느 광기에 못 이겨
자기를 탈출해버린 후부터

돌아가는 신호
좁은 외줄기 길
그건 또 불행 속에 머무는
고독—우리들의 유일한 언어이다

입김과 손이 이룩하는

빛과 노래와 사념이 피어나는 것은

이 외로움 안에

우리들의 영토를 지을 때이다

그리고

그곳으로부터

우정과 사랑, 잃어버린 것들이

밤을 뚫고 나는

태양처럼 솟는지도 모른다

(중앙일보, 1956)

게시판

목마른 사람들이 게시판 앞에
어족과 같이 모여 붙었다

특호 활자와 인물사진이
화려한 외국영화의 스크린을 닮아도

붉은 글자의 성명서는
낯익은 사실은 아니곤 했다

철학을 모르는 고아가
철학으로 화장한 신사의 유행 차에
버릇처럼 깔려 죽으면
페이브먼트 위에 쌓인 먼지는 퍼졌다

-그리고 그것을 보기 위하여-

의족과 과부 그리고 가난한 조국은
침묵하는 게시판 앞에
약속하듯 충혈된 동자를 가졌다

단념했던 태양 밑엔

기적 아닌 계시가 없다 해도

기적이듯 고동치는 밤이 있곤 했다

(발표지 미상, 1957)

T역첩(驛帖)

연착된 차를 내리면
녹슨 철로에
함박눈이 앉고
때 묻은 차표엔 황혼이 낀다

삼등열차는
역부가 저어대는 가는 손에
무겁게 밀려가고
지표 묻힌 거리에서
깨어진 지붕 밑에

신호처럼
사무원의 토하는 기침이
눈보다 찼다

(발표지 미상, 1952)

대화 끝에서

또 바라보아도 하늘은 비어 있을 뿐
돌아서는 골목마다
목말라 기다리는 태양
살아갈 구실도 없이
헛되어 타버린 재가 남는다

전쟁과 사상의 파열에 무너진 세대의
지금은 없는 벗들과 또
그 무서운 활자들의 기억은
새벽길 노래 대신
가시덤불처럼 엉켜갔었다

그런데 지금
출구가 없는 대화의 끝마다
고독이 있어
잘못 살아온 뉘우침에
핏방울 같은 것이 기억의 가지에 배고

어느 목마름에 타는 밤은 밝아라
고향은 없어도 안으로부턴

절망할 시간도 없이 그리움이 터진다

허물어진 가슴에는
다변한 침묵이 뒤덮고
발걸음마다 열리는 무덤에선
행복에 목말라 외치는 소리
우린 살아갈 권리가 있어야 하는데

(한국일보, 1956)

폐문(閉門)

두드리는 문마다 닫히고
비 내리는 밤의 추녀에서
홀로 누구를 불러볼 그리움이 있더냐

서글픔에 살아온 죄인 모양 끌려 온
내 연륜의 자국마저
허물어지는 밤의 밑바닥

까마득히 사라진 별똥처럼
보초가 늘어선 철문 밖
어둔 밤에 서성대는 나그네

(발표지 미상, 1954)

영토

밤일수록
모래알 같은 나의 체적體積이 남고
그것이 머물 곳은
다만 혼자만의 황무지

바람에 가랑잎처럼 흔들리며
그리움도 후회도 아닌
투명한 안개처럼 자꾸 흩어지며

어디로 가도 나 머물 고향도 없이
소용이 없는 지폐
소용이 없는 고독

사상과 변명, 한숨과 향수 속에
나는 마구 흩어져 있고 깊이 파묻힌 씨앗 닮아
현대의 소음 밑에 가라앉은
모래알 같은 나는 어느 영토로 갈 것인가

사람도 내 머물 곳이 아니라 몰아내면
미소며, 분노며, 죽음이며

휴식 없는 피로여!

꼭 나는 대용품 같은

(해군, 1955)

5월의 여인

5월은 넘실대는 바다
모래사장 닮아 흰 피부 밑
패각貝殼처럼
그리움에 얼룩진 마음은
하늘과 녹음의 무늬

꽃과 함께 묻혀갈 꿈을 위하여
4월을 몰고 난 언덕 뒤
기억도 없이
고독은 푸르다

그리고 지금
잃어버린 지표의 어느 가에
홀로 옥색치마 하나 나부끼고
아아, 지구의 향기
5월은 여인인가 봐

(이대학보, 1957)

회화를 잃은 세대

계절은 낡은 예절이다
갸륵한 질서 위에 해나 달은
아침과 같은 가슴에 골동품처럼 걸려 있다

내가 벙어리처럼 말이 없는 것은
정신병에 걸린 탓이 아니라
무수히 교차하는 회화를 이해하자 함이다

목사들의 통역은 이해할 수 없다
문명과 사상의 무언극이 있다
꽃들의 회화들을 알아듣듯
그렇게 알아듣지 못하는 의식

결코 벙어리도, 귀머거리도 아닌
나를 불구자라고 말한다

끝없이, 미끄러지고, 스쳐가고, 거슬러가는 회화가 뒤섞인 도시
서로 이해할 수 없는 그것들은 침묵
그리고 또 공포

벙어리는 아닌데

아! 회화가 통하지 않는

고독한 세대에 모두 산다

(사상계, 1955)

아스팔트 길 위에서

아스팔트 길 위에
창자가 터진 쥐 한 마리가 있었다
아스팔트 길 위에
자동차와 바쁜 사람들이 밀려가고 있었다
아스팔트 길 위에
피 묻은 내 형상이 깨져 있었다
아스팔트 길 위에
시체들이 널려 있었다

어느 날 아침
피 묻은 아스팔트 길
가래침이 말라붙은 아스팔트 길을 거닐면서
나와 모두의 흰 피부 속에 배여 있는 빨간 욕망을 본다
원천도 모를
어디로 가는지도 모르는 영원한 핏줄을

어느 날 아침
나는 본다 아스팔트 길 위에서
그 옛날 조상의 동굴과 거기 찢기는 짐승들의 울음과 살과 뼈와
그리고 어두운 그 속

마구 타올랐던 조상들의
숨 가쁜 사랑의 입술을

아스팔트 길 위를
미래의 피 묻은 십자가와
신의 슬픈 표정과
정욕의 한없는 강물이 흐른다
아스팔트 길은
그저 바삐 흘러가는 곳이다

어느 날 아침
아스팔트 길 위
나는 끝없는 구역을 느낀다
소녀들의 미소가 흔들리는
아스팔트 좁은 길 위에서

(사상계, 1959)

기도와 같은 순간

신촌동
뒷산 언덕길을
혼자
걷는다
허전함은 고요한 충만

거울 같은 달이
산 위에 떴다
동해보다 맑은 빛의 바다

소련의 쇳조각이 박혔다는
그것과는 상관없이
아주 옛날 그 옛날 할아버지의 할아버지 또 그 할머니의
계수나무 박힌 달
그건 여전이 곱다

인구 2백만 넘는 가난하고 병든 서울이
지금 잠자는 것이겠지
길가의 우뚝한 노송
하나씩 눈을 감는 전등

귀뚜라미 같은 벌레소리

전체가 성당으로 변하는

언덕 위

나는 우주의 기도를 느낀다

(사상계, 1961)

상처

비슷한 사람이 겨냥한 총탄이
병사의 가슴에 녹슬어
모두가 돌아갈 언덕에는
눈물이 내린다

독한 술잔에 얼큰해진
의식적 망각
도시의 골목마다
바람에 너덜거리는 철조망
철조망 같은 상처
그 자국마다
어느 보초의 칼끝 같은
노여움이 솟는다

하늘이 찢기면
꽃보다 고운 별이 뜰 것인가
아직
피 엉킨 상처는
어둔 하늘을 노리며
포구처럼 열린

가슴에도 지금

눈물 같은 비가 내린다

(문학예술, 1956)

혼자만의 시간

오늘 우리의 잘못은
혼자 견디지 못하는 데 있다
잠자야 하는 굴욕을 빼놓고
우린 너무나 스스로를
소홀히 버리지 않았던가

지구의 무게와
네 고독의 무게를 재어보라
너의 저울이 기울어질 때
너는 너의 의미를 찾으리라

우리가 병든 것은
우리만이 시간을 소음과 바꾼 까닭이다
어느 초라한 역에서
기관수가 별을 바라보듯이
그러한 혼자만의 시간을 찾는다면
우린 슬프지 않으리라

우리만의 시간 속에
자신의 질서와 화음이 있고

또 그것들은 향기처럼

우리의 공백을 아늑히 채우리라

(문학예술, 1957)

7부

—

부서진 말들

얼어붙은 찰스강

강은 얼어붙고
눈이 내린다

저녁은 하얀 강 위로
번져가고

강을 따라서는
홀로 조깅하는 사람 하나

입가에 서린 하얀 입김
살아 있고

생각할수록 더 빠져들 뿐

어둠과 정적의 뒤섞임
밤은 내리는 눈과 함께
짙어져간다

잠 못 이루는 12월
고요한 가운데
혼자 선 영혼

이성의 바다를 떠올릴수록
나는 신의 미로 속으로
빠져든다

시간 없는 시간
한계 없는 한계
의미 없는 의미

무한한 시선
무를 향한
울지 않기 위해, 웃지 않기 위해

생각 없는 생각과

고요한 대지 위로

눈이 내린다

그림자

창가에 홀로 선
어느 미망인의 그림자
슬픔의 풀밭에서
길을 걷고

눈물, 혹은 색채
길가의 낙엽
희미하게 반짝이는 모래 위
침묵만이 남아

타향의 숲 위로 펼쳐진
검푸른 하늘에 빛나는 별
사랑의 상처
인생의 눈물

마음은 마치
그림자의 낙엽과 같이

존재하지 않는 곳을 향해
길게 뻗은 길 위로 떨어지고

창문 너머

흰 구름이 점점이 박힌
푸른 하늘에 기대어 선
교회의 금빛 첨탑
케이프코드의 농가 너머
지붕을 지나 저 먼 곳으로
떡갈나무 마른 가지 아래
창틀 안에 담긴 지평선은
마치 그림엽서와도 같아

그러나 마을은 고요하고
엽서만큼이나 현실 같지 않아
명상의 거울 속에 비친
공허하고도 공허한 아름다움
의미도 감각도 참고할 것도 없어
진실과 지혜 너머
다만 그렇게 존재할 뿐이지
말도 없이
다만 그렇게

텅 빈 정원 의자들

뜨겁고 기나긴 여름, 나는
이웃집 잔디 위
떡갈나무 그늘 아래 앉은
은퇴한 이웃집 사람들을 줄곧 지켜보았다

9월 말, 밤비가 내렸지만
일주일 전 다듬은 잔디는
여전히 푸르다, 여전히
다시 한 번, 하나, 둘, 셋, 나는 여섯까지 센다
은퇴한 이웃집 사람들이 아니라, 다만
흰색, 파란색, 오렌지색 정원 의자들을 센다
기나긴 그늘 아래 텅 비어 있는

이제 남은 것은 빈 의자 몇 개와
가을뿐이다

코네티컷 고속도로를 지나며

회갈색 도는 숲과 들판
가물거리는 지평선을 향해
곧바로 펼쳐진
넓고 평온한 고속도로

하늘은 새파랗고
태양은 따스하고
봄은 숨을 쉬고

낡은 폭스바겐의 자취 너머
나의 몸은 오감이 부르는 노래
마음은 오직 신선하며
아무런 생각 없이도 살아 있다

고속도로 위의 일요일 아침
마치 유혹처럼, 시간처럼, 인생처럼
자꾸만 달아나며 물러서는
지평선을 향해 나는 달린다

하늘은 높고 푸르고

드넓고 견고한 도로

아침은 이렇듯 고요한데

마운트 오번 공동묘지에서

그대는 밤이고 낮이고 거기 그대로 누워 있다
몇 달이고 몇 년이고 아무런 말도 없이
구호도 이론도 눈물도 웃음도 없이
나는 이곳을 배회할 뿐이다
뭔가를 생각하며 삶과 죽음을 생각하며
시를 쓴다는 것, 서류와 서신들을 생각하며

그대는 해탈한 승려인 양 거기 쉬고 있다
진흙과 벌레와 분자들과 함께 땅속에 누워
그림자의 그림자 그대는 기억조차 없는 이름일 뿐이고
그대의 영광, 고통, 목표는 이제
그저 이름도 인상도 없는 환영에 지나지 않아

자, 그대와 나 사이 무슨 차이가 있을까
연결 고리 없는 시간이여
기록되지 않은 시간이여
어쩌면 나는 계절이며 이유를 모두 잃어버린
시간의 그림자의 그림자의 또 다른 그림자에
지나지 않을지도 모른다

감

쓸쓸한 농가의 흰 담벼락 뒤
앙상한 검은 가지에 붙은
분홍빛 감 두 개

낯선 땅의 늦가을
푸른 하늘에 새겨져 있다

고향에서 보낸
어린 시절
그 무구한 기억들

아무도 없이 나 홀로
잠시 발길을 멈추다
다가간다

푸른 하늘에
가을에 새겨진
분홍빛 감 두 개

하루 일과

8:00 사무실

12:00 샌드위치와 커피 한 잔

5:30 스타 슈퍼마켓

6:30 저녁 식사

7:00 텔레비전 저녁 뉴스

8:00 스카치 한 잔

9:00 섹스 한 번

9:30 취침

출국장

그녀는 울면서
비행기에 올랐네

나는 조용히 흐느꼈네
눈물 없이

추운 어느 밤
눈은 내리고

분홍빛 상처
하얀 붕대

붐비는 공항에서
생각의 그림자

나는 그녀의 이름을 모른다

나는 그녀의 이름을 모른다
몇 년 전 단 한 번 마주쳤을 뿐이다
언젠가, 어디에선가
알 수 없는 도시의 길모퉁이

그러나 나는 어디에서나 그녀를 본다
책장의 행간 틈에서
하늘 위 강물 속
나의 꿈속에서

그저 멀리서 단 한 번 그녀를 보았다
한 번, 단 한 번
나는 그녀의 이름을 모른다
한 여자, 애조 띤 그림자

소로[3]의 오두막 터

네 개의 주춧돌이
작은 정사각형을 만들고 있다

조그마한 돌 더미
소로에게 바쳐진

그의 경구 몇 마디가
돌 위에 새겨 있었다

나무들 밑에 서면
월든 호수다

꿈속의 작은 오두막 터
다시 자연으로

---

3 헨리 소로. 미국 사상가이자 문인으로 1845년 여름부터 1847년 가을에 걸친
월든 호수에서의 생활을 바탕으로 쓴 책으로 유명하다.

월든 호수에서

4월, 아직 오후는 서늘하고
숲에도 초록빛이 들지 않았다

연못가에는 젊은이와 노인 몇이
낚싯대를 연못에 드리운 채
말없이 고요히 물결만 바라보고 있었다
얼마나 잡힐지 신경 쓰는 친구는 없어 보였다

나는 소로의 집을 찾아간다
연못 근처 숲속에 있는 그 집
젊은 나이로 죽기까지 2년을 그는 거기 살았다
오직 자연을
자연과 함께하기를 그리며

교실의 시학

한 명은 약간 늦었고
자리 하나는 비었고
몇몇은 졸린 얼굴이다
그러나 눈동자, 눈동자, 그들의 눈동자
파란색이거나 갈색이거나 검거나
아침 햇살처럼 밝은
8시 30분 이른 아침의 교실
논리학 수업

하지만 이것은 마법이 아닌가
생각하고 깜빡이고
깨지기 쉬운 마음으로
세상을 밝히는 것

또한 이것은 기적이 아닌가
서로를 바라보기 위해 함께한다는 것
비록 한 계절이지만 모두가 하나 된다는 것

우리 모두가 존재하지 않는 곳에서 온 것처럼
다시 존재하지 않는 그 어딘가로

각자의 자신으로 뿔뿔이 흩어지기 전에

우연적 필연

필연적 우연

시작을 시작하기 위해

마법은 논리다

신입생의 이른 아침 수업

눈동자, 눈동자, 여기 모든 젊은 여학생들의 눈동자

겨울나무

겨우내 벌거벗은
나뭇가지가 바람에 휘고
꼭대기에는 외로운 새 한 마리

부러지지 않기 위해
견디기 위해

삶의 고뇌
음울하고 여위었지만,
살아 있다고, 견디고 있다고
말하네

눈 내리지 않는 겨울

숲과 들은 여전히 회색빛이다, 12월
눈은 내리지 않고
창가에서 온종일 겨울을 기다리지만
눈 내리지 않는 겨울
나는 실망하고 만다

새와 사슴, 스컹크는 어디로 갔나?
눈은 어디로 가 버렸나?
산과 숲은 여전히 황량한데
눈 내리지 않는 한겨울
나는 슬퍼진다

별이 빛나는 밤

셀 수도 없는 별
크고 작은
별
차가운 겨울밤에 떠 있네
별은 신비롭지만
그 속삭임이 더욱 신비로워

저기에 별이, 반짝이는 별이
정말로 많은 별이 있네
끝이 없는 아름다움 한가운데
나는 그대로 길을 잃고
광활한 하늘 속을 배회하네

귀향

내 고향 마을에 돌아왔네
황량한 저 빈농의 농가에서 어린 시절 '궁전'을 찾아내러

혼자 남아 있네
내 머리카락 같은 잿빛으로 물든
소리 없이 서 있는 뜰 앞 떡갈나무

나는 가을 하늘만큼이나 텅 비어
내가 잘 아는 풀의 따스함과 퇴비의 냄새가 나는
내 고향의 흙 내음을 가슴 가득 마실 수 있으리

마을을 두른 산과 들판을 가로지르는 강은
예전 그대로인데
나만은 시골 꼬마들 사이에서 홀로 이방인

내 어머니를 생각하며

여름의 끝자락, 제가 당신을 떠날 때마다
공항 출국 데스크 뒤에서 당신은
아무런 말도 없이 조용히 우셨지요
아마도 아시겠지만 당신이 늙어, 너무나 늙어,
저 역시 눈물을 흘렸습니다
두 사람 다 당신이 떠난 뒤 영원한 작별을
떠올렸던 건지도 모르겠습니다.
이번이 어쩌면 마지막일 거라고 말입니다

대륙과 바다로 가로막힌
이곳 타향의 하늘 아래
당신을 생각합니다
고뇌가 없어도 잠들 수 없는
이 밤에

책상 위의 불빛은 고요하고
주름진 당신 얼굴,
따스한 눈동자
늙은 손길 외에
아무것도 떠오르지 않습니다

저는 기대에 꼭 맞는 아들이 아니었죠

그렇게 되고 싶었지만 말입니다

실망하신 것도 잘 알고 있습니다

벌써 50줄, 그러나

아직도 혼자

집도 고향도

가족도 없는

가진 것이라고는

여전히 손에 쥔 깨진 꿈들

이상하게도 영혼만은 어릴 적보다 더 젊은데

더 이상한 것은 이제 제가 젊지 않다는 것

우리 모두 시간의 풍랑에 휩쓸려

정체도 이유도 모르는 보이지 않는 것에

속절없이 떠밀린다는 것 또한 이상합니다

당신을 생각합니다, 어머니

그러나 울지도, 동요하지도 않습니다

의문들은 여전히 풀리지 않았습니다

당신과 멀리 떨어진 이곳

이 숨죽인 밤에

지극히 고요하고 지극히 평화롭게

책상 위를 밝히는 외로운 램프 불빛처럼 홀로

등산

초록은 초록
끝이 없는 땅의 파동
여전히, 살아 있는

끝없이 펼쳐진 청아한 지평
히늘과 땅 그 사이에 있는

거기 나는 서 있다
이 모든 것을 노래하며
열린
자유, 그리고 하나

톨레도에서

어느 유령

홀로

어느 평원 미지의 땅

메마른 언덕의 절벽 꼭대기에 있네

황량하고 광막하고

날카롭고 아름답고

거대한

나는 네 골격과 인내와 위엄과

현실보다도 더 현실적인 네 존재에 경배한다

성당, 궁전, 엘 그레코와

성벽에 둘러싸인 도시 안

중세의 뒷골목을 엮는

좁은 포도鋪道

뜨거운 사막처럼 강렬하고

이른 가을 파란 하늘 위에 떠오른 태양만큼 투명한

어느 이방인, 나는 너의 공허한 잔재와

덧없는 승리를 상찬한다

황제들, 제후들, 기사들

그리고 노예들, 그들이 믿는 신과 그 신의 신도들

그들의 긍지, 그들의 굴욕, 그리고 승리와 죽음

이제는 전부

그 자손의 자손과 이름 없는 관광객을 빼곤

피의 흔적도 남기지 않고

이름과 기억도 모두 다 함께

사라져버리고 말았다

스페인 한복판, 그 어느 곳에서도

얼어붙은 과거의 현존에서 덧없는 아름다움의 위대함을

나는 느낄 수 없었지만

이 동화의 도시를 깊이 응시하는 나의 눈에

이곳의 세월 그 어느 한순간도 덧없지 않았노라

노천극장의 두 어린 승려

어느 늦여름
이미 저녁

두 어린 승려가 나란히 앉았다
잿빛이지만 깔끔한 장삼, 갈색 머리 위 밀짚모자
아기와도 같은 얼굴과 두 손

이제는 거의 비어 있는 경주국제문화박람회
노천극장 뒷줄, 벤치에 걸터앉아

보고
듣고
즐기는
그 모든 것에 빠져들어

옛 춤사위와
옛 가락들
천년의 고도
그 도시의 산등성이에
저녁이 번져가고

절에서부터 타종의 고요한 울림

나는 다만 바라본다
무대 위 노래하는 이와 춤추는 이를
바라보고
흥겨워하는
아직 어린 두 승려

알프스를 넘는 비행기

장엄한
희고 푸르고 검은 지구의 관절
공교하여라

장엄한 초월이여
나는 속삭인다
747기 안에서
흰 구름의 대양 너머로

우주의 고독한 행성
산맥을 지나는 어느 비행기
그리고 그 안에서 사고하는 하나의 생명

내 어머니를 생각하며

―추석 명절에

이번 추석
당신을 봅니다
흙에 덮여 고요히
산 정상에 잠든
뼈와 티끌로

당신의 미소, 주름진 손을 봅니다
그 사랑을 듣습니다
뼈와 티끌로 되살아나는
그 인고와 시련과 고통을 느낍니다
이 만월의 저녁

흡족지 못한 아들을 보고 계신지요
성취하지 못한 꿈과 함께
이제 벌써 백발이 성성하여
비 내리는 명절
당신을 그리고, 또 그리는 아들을

강에 비친 보름달

산 위로 펼쳐진
저토록 광대한 하늘에 별이 빛나네
이 가을밤

투명한
강에 잠긴 보름달
부패한 물고기의 눈에 비치고

비치는 어둠 위
무한한 침묵의 울림이 내려
깊은 무를 펼치네

시계를 포착하다

시계를 바라본다는 것
그것이 문제다
시계와 함께 시간을 포획하는 것
그것은 포착할 수 없는 영원을 포착하는 것

사이에서

책상과 나 — 생각하는
형이상학

무엇이든 말해 줘
무엇이라도 좋아
침묵과 언어 그 사이에서

진실은 어려운 것
마음 아프게 하는 것

책과 응시
논리

시간은 빨리 지나
삶 또한 그렇지
존재와 무 그 사이에서

사랑은 어려운 것
마음 아프게 하는 것

철학을 고찰함

형이상학이 대체 뭐란 말인가
'나'란 대체 무엇인가

자 우리 가볼까, 당신과 나
모든 것의 무존재에 대해
그 무엇도 말하지 않으며
한 잔의 술을 마시며
지금 내가 기억하는 미래의
앞으로 다가올 과거의
허기든 분노든
실망이든 절망이든
잊기 위해, 후회하지 않기 위해
우리가 암흑 속에 가라앉기 전에

내가 나비의 꿈이라면
내가 나비를 꿈꾸고 있다면
내가 꿈을 꿈꾸고 있다면
깨어 있건 아니건
상관없다, 아무 상관도
당신이 바람에 시를 쓰는 동안에는

도대체 철학이 뭐란 말인가
난 대체 무슨 짓을 하고 있는가

자 우리 가볼까, 당신과 나
모든 것의 무존재에 대해
그 무엇도 말하지 않으며
침대 위에 드러누워
우리가 너무 늙어버리기 전에

지금 내가 기억하는 내 죽음의
앞으로 다가올 탄생의
희망이든 주검이든
열정이든 환영이든
놀라워하기 위해, 고뇌하지 않기 위해

내가 환영의 기만이라면
내가 환영을 기만하고 있다면
내가 기만을 기만하고 있다면
상관없다, 아무 상관도
당신이 하늘에 시를 쓰는 동안에는

보느냐, 보지 않느냐

나무는 나무
그러나 빛깔이기도 해

그것을 보았지만
보지 않았어

난 눈을 뜨지
만물을 닫기 위하여
보이는 것을 보지 않기 위하여

나무는 빛깔
그러나 나무이기도 해

보이지 않는 것을 보기 위하여
보이는 것을 보지 않기 위하여

돌담 곁에 멈춰 서서

숲속의 돌담 곁에
멈춰 섰다
손을 대어
느껴보기 위해
이유도 논리도 없었다
어느 오후 홀로
뉴햄프셔의
길가에서

숲속에 선 돌담을
바라보았다
농사를 짓고
사랑하기 위해
숲을 바라보고
하늘을 바라보고
보이지 않는 것
그 너머를 바라보며

가을은 낙엽과 함께
소리 없이 떨어진다

노랑, 빨강, 갈색, 초록
침묵 가운데
속절없는 시간 한가운데
마치 잃어버린
편지들인 양

숲속의 돌담 곁에
머물렀다
가을이 낙하하는 길 위에서
그 누구도 말 걸지 않는
그 어떤 말도 없는
그 누구도 없는
낯선 하늘 아래

돌담 곁에
멈춰 섰다
숲에 묻힌 영혼들의
속삭임을 들으며
나의 속삭임을 들으며
말할 입도 없이
언어도 없이
이토록 견고한 고독 가운데
내 침묵의 목소리를 들으면서

계단

계단을 오르고
또 오른다
높이 오르면
숨 가쁘고

계단을 내려오고
또 내려온다
아래로 내려오면
넘어질 듯해

계단을 잘 살피도록
어디로 가고 있는지
끝이 없는
계단

분리의 접합

비-현실은 시간이다
비-진리는 공간이다

실체와 실존 사이 — 우리의 절규
우리의 눈물 우리의 웃음
우리의 고뇌 우리의 언어

정액과 두개골 사이
침묵과 소리 사이
우리의 호흡은 분리의 접합이다
무도, 존재도 없는

궁극의 신비를 이루기 위하여
시간과 공간을 연결하기 위하여
삶을 죽음으로 잇기 위하여

바람과 비와 눈은
언어도 사상도 노래도 아니다
산과 강과 사막은
진실도 미도 미덕도 아니다

분리에서 나온 접합

접합에서 나온 분리

드넓은 연결의 미학

촛불의 그림자

우리는 서로 이어진
꺼질 듯한 촛불이다
어둡고, 불투명한, 보이지 않는
존재의 밤을 밝히기 위한

보기 위해, 보이게 하기 위해
우리 그림자를
저 어둠에 내던진다

울고, 미워하고 사랑하기 위해,
투명해지고, 생각하기 위해,
이해할 수 없는 뭔가를 적어 내려가기 위해,
그리고 또 죽기 위해,
먼지로 돌아가기 위해 태어났다

이성과 생각
가치와 희망

비명과 기쁨
마치 원소처럼

이해할 수 없는 외국어처럼
바람에 실려간다

이성은 곧 감옥
의식은 곧 의식
의식은 곧 단 하나의 현실
존재와 무 사이에서
모종의 차이를, 그림자를 드리우는
모종의 의미가 깃든 눈물을 흘리는
존재의 영혼이다

사르트르의 부고를 듣고

— 1980년 4월 15일

그래, 당신은 침묵하기로
시체가 되기로 결심하셨군, 사르트르 씨
대포에서 쏘아 내던 날카로운 말의 포탄도
이제는 멈추게 된 거로군, 영원히

당신의 보부아르도 이제 홀로 남았고
당신의 누군가는 아니지만, 우리 역시 남았어
그렇게 세상은 조금 더 외로워진 거야
당신이 사라진 이 세상은

내 젊은 시절을 흔든 지진이었어
나는 당신의 쉰 목소리와 굳은 얼굴을 기억해
시몬느와 함께 뮈튀알리테 강당[4]에 있던

신은 죽었고 당신도 그랬지
아무런 말도 없이
고요한 재만 남긴 채

---

4   Maison de la mutualité. 파리 제5구역에 위치한 시립 강당.

대자對自 즉자卽自

대자 즉자와 존재와 무

존재하지 않기 위해 존재하기와

존재하기 위해 존재하지 않기

당신도 역시 죽었군, 장-폴

자유롭지 않기 위해 자유로워지기

자유롭기 위해 자유로워지지 않기

그리고 이제 당신은 무가,

영원한 부재가 된 거야

메타-메가-시티의 노래

메타-시티에서 사람들은 큰 무리를 짓지만
새와 물고기는 숲과 해변에서 죽어간다

메가-시티에서 음성들은 더욱 시끌벅적하지만
오랜 의미의 울림은 멀어질 뿐이다

메타-시티에서 몸들은 더 가까워지지만
마음은 점점 더 닫혀만 가고

메가-시티에서 상인들이 한몫 버는 동안
상점에서는 영혼들이 바싹 말라간다

1980년, 부고를 듣고

바르트는 몇 주 전에 죽었고,
사르트르는 일주일 전에 죽었다
사람들은 늘상 가버린다

오늘 두 명의 친구와 한 명의 시인과
서울에 있었다던 어느 젊은 교수의 부음을 들었다

빛나는 바르트 위대한 사르트르
시인은 실패자였고
교수는 괜찮은 친구였다

잠은 오지 않고 나는 늦게까지 깨어
어려운 일들을, 삶과 죽음을 생각하고
이를테면 내 죽음처럼 사소한, 많은 것들을 걱정한다

지평을 넘어서

내 배는 배고픔을 느끼지 않으며
내 몸에는 더 이상 고통도 없네
허나 내 영혼은 이름도 없는
무엇인가 때문에 죽어가지

나는 이제 다 자랐네
더는 그렇게 어리지도 않고
그렇다고 너무 늙은 것도 아니지
엄마 잃은 아이가 그렇듯이

많은 것을 배워왔고
알지도 못할 것을 위해
행복을 포기하기도 했네

이제 한 가진 알겠어
우리가 현명해졌다는 것
어쩌면 안경을 낀 것보다 훨씬 맑게
모든 걸 볼 수 있겠지
일상의 지평을 넘어서
오만의 기나긴 터널을 지나

어둠의 끝을 보기만 하면
밤은 낮보다 밝은 것
어둠은 의식보다 빛나며
산과 강보다 아름다운 것
그 지평에 서면
어둠은 부처보다 현명한 것

강은 강이다

많은 이가 살기 위해,
사랑하기 위해, 번식하기 위해 태어난다

어떤 이는 말하기 위해,
생각하기 위해, 시 나부랭이를 쓰기 위해 태어난다

많은 이가 산 것을 죽이기 위해,
행복하기 위해, 죽기 위해 태어난다

어떤 이는 태어나기 위해,
영원한 삶을 살기 위해 죽는다

기쁨과 분노와 행복과 불행
감정들 그리고 생각들
노래와 시와 철학
대화와 대화와 대화
그러나 우리는 모두 왔다가는 떠나고
모두 죽기 위해, 태어난다

어떤 이는 떠들고 생각하고 기쁨과 슬픔을 글로 적으려

다시 돌아올 것이다

또 어떤 이는 먼지로 화하고 다시 화하고

지구와 우주의 조용한 암흑 속에 머물기 위해,

태어나고 죽을 것이다

생각과 말이 지난 후에도

노래와 시, 낮과 밤

바람과 돌고 도는 계절에 대한 생각이 지난 후에도

나무는 나무다

강은 강이다

그리고 눈은 하얗다

자화상

나는 벗어버린다
나의 옷과
살결과
마음과
그리고 영혼을

자신을 보기 위하여
알기 위하여
하지만 나는 양파 껍질에
지나지 않아
텅 빈 속
이름 없는
나에게는 내가 없다

나는 입술을 깨문다
자신을 느끼기 위하여
나에게 소리를 지른다
맥박을 찾아서
해골의 웃음과
심장의 절규 가운데

담배를 피운다

타이프를 친다

먹고 섹스하고

생각하고 침잠하고

그리고 시를 쓴다

나를 찾아내기 위하여

공허

이 모든 게 끝났다고 보면
만물이 곧 부조리다
나는 부조리다

신과도 같은
거대한 공허
바보 같은

우리는 모두 어딘가로 향한다
어디에도 없는 그곳으로
아무것도 이해할 수 없는

반드시 불행한 것은 아니지만
여전히 밀짚처럼 속은 텅 빈 채
우리는 그저 보이지도 않는 어떤 의미를 무의미하게 만들고자
애쓸 뿐이다

초현실적 추상화

하늘에는
죽은 물고기

잃어버린 꿈속의
빈 상자들

정유소 기중기 옆
하얀 데이지

깨어진 약속 위로
검은 눈발

핑크색 연애편지와
소총 한 자루

시적 변형

갑작스럽게 잠에서 깨어나 나는 보았네
세상의 모든 것이 말들로 변하고
온 우주가 우주적 시에 다름 아님을 깨달았네

어떤 시학

뭐라고 이름 붙이든 간에
그것은 시가 된다

시를 쓴다는 것은 대단한 게 아니다
그것은 마음의 그림일 뿐

모든 것은 잠재적인 시다
그것들은 아름답다

또 다른 관점

공명하는 공허의
아름다운 파편들로
충만한 가운데
소리 없는 진공의
텅 빈 그림자

악몽

나는 내가
깨어날 수 없는
꿈속에 사로잡혀 있다는 걸 알아

이 얼마나 엄청난 악몽인가
영원한!

형이상학적 자기 인상

어쨌거나 우리는 결국 먹고, 싸고, 발정하고
성교하고 번식하는 쥐들이다
부조리하건 아니건
그게 전부다, 또한 그게 전부다

우리의 철학적 고뇌
우리의 윤리와 정치, 그리고 시는 모두
의미가 결여된 소음에 불과했다 어쨌거나
그게 전부다, 또한 그게 전부다

삶이라는 우리에 갇혀서 어쨌거나
우린 모두 쳇바퀴 안에서 도망치고 또 도망치는 다람쥐들이다
철장 속에서 끝도 없이
그게 전부다, 또한 그게 전부다

어쨌거나 우리의 언어는 뒤엉킨 소음
우리의 의식은 그저 부서진 그림자
우리의 의미는 그 그림자의 그림자
그게 전부다, 또한 그게 전부다

어쨌거나 우리의 비명

우리의 희망, 울음, 우리의 투쟁과 고통은 고통스러운 악몽 이외
에는 아무것도 아니고

우리는 이곳에서 결코 깨어날 수 없다

그게 전부다, 또한 그게 전부다

신경 쓰지 않아

우리의 노래는 쇳소리
우리의 생각은 거미줄
우리의 도덕은 공허한 슬로건

우린 신경 쓰지 않아
우리는 진동하는 분자들
신경 쓰지 않아!
자유는 말일 뿐
말 역시도 말일 뿐
그냥 먼지일 뿐

우리는, 우리가 만들고, 찾아내고, 풀어놓은
밖이 아닌 안으로부터의 깨우침이라는
감옥의 죄수들

어떤 시인의 고백

평생토록 말들을 찾아왔노라
의미와 무의미 사이에 존재하는 것들을

그러나, 이런! 아직도 난 그걸 찾지 못했지
완전히 쓸데없는 짓을 한 거야

병원에서

어쨌든 우린 모두 죽어
다들 대낮처럼 환하게 알고 있는 사실
그러나 다들 살고 싶어 안달이지, 심지어, 병상에서조차

인생은 병원
고통

어쨌든 삶이란 무의미해
다들 죽음만큼 확실히 알고 있는 사실
그러나 다들 삶에 매달리지

삶에 의미가 있다면, 그것은 살아가는 고통에 벌벌 떠는 것
그것일 뿐, 단지 그것일 뿐

우주의 비정함에 대한 명상

아직도 그대로다
하지만 아직도 많은 질문에
해답은 없다

코발트블루의 하늘이여
영원한 원소들이여
그토록 아름다운

하지만 영혼의 절규에도
다만 차가울 따름

무한한 밤이여
그러나 여전히
우주의 황홀한 아름다움이여

자서전

나는 헤매고 또 헤맸다
여기, 그리고 저기를
마치 저기 보이는 구름처럼

나는 헤매고 또 헤맸다
계속, 그리고 계속
마치 보이지 않는 별처럼

초월

제아무리

새처럼 자유롭고

노래처럼 행복하더라도

영원히 초월해 나아가리

신성을 향해

제아무리

위대하더라도

형이학적 사체
— 파울 첼란에게

저녁 식탁 위에 놓인 생선 튀김의 커다란 눈
아프리카 사막 죽어가는 자들의 순수한 눈
대지 위로 펼쳐진 코발트 빛 푸른 하늘

부서진 이성
들리지 않는 노래
무의미의 쓸모없는 의미
시장에서는 썩어가는 죽은 쥐들 위로
검은 산성비가 내리고
기아로 죽어가는 살찐 부랑자

한 무신론자의 기도

언제나 죽는 사람이 있고
언제나 상처받는 사람이 있다
하지만 밤은 너무 힘들어
나는 무릎을 꿇는다
내가 믿지 않는 신을 향해

언제나 대답 없는 질문이 있고
언제나 해답 없는 문제가 있다
하지만 밤은 너무 어두워
나는 눈을 감는다
거기 없는 신을 보기 위해

나는 지친 게 아니다
몇 가지 답을 가지고 있을 뿐
하지만 밤은 너무 황량해
나는 두 손을 맞잡는다
저항할 수 없는 무 앞에서
나는 무신론자

그저 할 일을 할 뿐이다

하지만 밤은 너무 공허해

나는 두 팔을 뻗는다

나타나지 않을 고도[5]를 기다리며

---

5   사무엘 베케트의 전위극 〈고도를 기다리며〉의 작중 인물. 극에서 모두가 그를 기다리나 정작 한 번도 등장하지 않음으로써 절대자를 희구하는 현대인의 불안을 상징한다.

파울 첼란을 위하여

그대는 몸부림을 쳤다
어둡고도 어두운, 진정으로 어두운 무언가를
깊고도 깊은, 진정으로 깊은 무언가를 말하려고

그대는 몸부림을 쳤다
말할 수 없는, 심오한 무언가를 외치려고
쓸 수 없는 것을 써보이려고
보일 수 없는 것을 내보이려고

그대는 검은 우유를 들이켜고 또 들이켰다
진한 슈바르츠 밀히Schwarze Milch
마시고 마시다가 그예 취해버렸다

그대는 심오한, 어두운 무언가를 보았다
보이지 않는 무언가가 그대에게는 보였다
어떤 진실, 절대적 진실과 아름다움
그대는 심저心低에 영원히 낫지 않을 상처를 입었고
죽음의 외로움과 그 아름다움에 그토록 슬펐던 것이다

그대는 알아볼 수 없는 단어를 적었고

별 뜻 없는 몇몇 노래를 불렀고

무의미한 시를, 시들을 지었다

그대는 슈바르츠 밀히, 검은 우유를 들이켜고 또 들이켰다

그대는 토드스푸크Todesfuge, 「죽음의 둔주곡」을 시로 쓰고 또 썼다

그대는 센 강에 투신했다

죽음의 깊이

절대적 진실

절대적 미에

가닿기 위해

그대는 자신에게 진실했으며

어쩌면 이글거리는 태양처럼

진실로 자신에게 가혹했으며

어쩌면 아프리카 사막의

다이아몬드만큼이나 견고했노라

의미의 쓸모없는 무의미

—파울 첼란에게

신은 지옥에 있고
인간은 천국에 있다

'~이다'와 '~의'와 '뭐?'와 '맞아!' 그리고 푸른 지성
아브라카브라, 브라카아라
나의 만트라
옴, 옴
아브라카바바, 카바카바아

신은 인간이고
인간은 죽음이다

브라카브라, 브라카브라,
옴, 옴, 나의 옴
나의 만트라

산산이 부서진 질서
그리고 해방된 혼돈

1979년 11월 어느 캄보디아 난민의 사진을 보고

나는 그것이 동네 생선가게에서 보았던
꽤나 큼직한 마른 오징어인 줄만 알았지
구깃구깃한 몸통에 어울리지 않게 큰 머리
유독 커다란 검은 눈이 두드러진

그러나 그 다리는 팔이었고 눈은 살아 있더군
오징어는 아기였어 엄마 품에 안긴 인간
갈 곳 잃은 절망의 시선은 아무 곳도 향하지 않고
찡그린 얼굴과 엄마의 말라버린 눈물
젊은 여인

오징어는 아기였어
엄마 품에 안긴 아기는 오징어였어
살아 있지만 죽은 눈을 한

울부짖지 않는 비명
목소리 없는 분노
인간, 우리는 신보다 잔혹해
진실보다 고통스러워

몬도가네

쥐는 쌀을 먹고
고양이는 쥐를 먹고
교미가 끝나면
암거미는 수거미를 먹는다

개는 뼈다귀를 먹고
돼지는 개들을 먹고
인간은 돼지들을 먹고
벌레는 인간을 먹는다

그녀는 돼지고기를 먹고
나는 닭고기를 먹는다
인생은 축제고
축제는 죽음이다

얼어붙은 38선 너머의 왜가리

왜가리 한 마리가
고요한 아침의 분단된 심장을 가로지르는
얼어붙은 철책 위를 날고, 날고 또 날았다
45년도 넘는 세월 동안
입을 다문 초록빛 산을 향해 쏜 총탄처럼

하얀 왜가리는
다시 다시 그리고 또다시
분단된 하늘을 날고 날고 또다시 날고
그리하여 고요한 아침의 나라 어딘가에
쉴 만한 둥지를 찾을 때까지
날고 또 날 것이다

옥수수 밭의 죽음
— 한국 전쟁 중에

옥수수 밭 옆으로 난
길가에 누운 어린 병사
더운 8월, 들판은 무르익는데
생선처럼 말라가는 죽은 병사
새 한 마리가 머리 위에서 우짖고
입속에는 파리가 들끓고

미 전투기가 기관총을 쏘는 동안
붉은 군대는 총부리를 겨누었어
우리는 삶과 죽음 사이에
삶에 대한 절망과 욕망 사이에 있었지
이 땅 위에서 우리의 적이 아닌
두 적들 간의 전쟁이 벌어지는 중이었어

결국 이 병사는 누구의 아들인가
그의 어머니는 누구란 말인가

누가 그를 위해 울어줄 것인가
어린 병사, 높다랗게 자란 옥수수 밭의 시체

그의 아버지는 어디에 있는가

여름은 타오르고
밤은 기나긴데
죽은 병사는 온종일 홀로
어쩌면 잠이 든 채
타는 길가에 홀로 있었어
울음도 없는가 하면
이름도 없이

전쟁의 기억들

1

포성이 다가오는 중이었다
대포의 포탄들이 차례차례 집과 학교와 병원을 가격했다
다가오고 있었다 그건 전쟁이었다
인민군이 밀어닥쳤다
진짜 전쟁

아들과 딸은 도시에서 도망쳤고
부모는 집을 지키기 위해 남아 있었다
그들은 부모였으니까
어쩌면 그들 중 누군가에게는 그게 끝장일 수도 있었다

그건 전쟁이었다 전쟁 중에는 누구나 아무 때나
개나 벌레 비슷하게 살해 당할 수 있었다

2

저자를 죽여, 전부 다 죽여버려
녀석들은 부자고 우린 가난하니까
저기 모두를 삽과 도끼로 죽여버려

전부 죽여, 우리는 비참과 굴욕에 화가 날 대로 났으니
신에게 화가 났으니

좋아, 다들 쏴버려, 나이도 불문하고 일가친척 모두 다
예외란 없어, 일가친척 모두 다
녀석들이 우리 형제와 부모를 죽였으니
녀석들이 우리 책이며 가구며 산산조각 냈으니
전부 다 기관총으로 머리를 쏴 죽여버려
전부 죽여, 뱀이나 파리 같은 걸 죽이듯
분노도 두려움도 없이
증오도 공포도 없이

3
그들은 적이 아니었으나
서로 싸우고 서로 죽였다
그들은 우리 아들들
어쩌다 좀 둔하기도 했고 버릇없기도 했지만
꿈도 있고 미래도 있는 우리 아이들이었다
그러나 어쨌거나 그들은 서로를 죽였고
그리고 다시는 집에 돌아가지 못했다

4

우리는 배고팠고
우리는 화가 났고
우리는 아팠고
죽어가고 있었다
망가진 대지, 망가진 영혼
우리는 그저 쥐떼였다

5

난 스무 살이었고 앓고 있었다
삶은 차라리 저주였다
기관총과 대포 아래
폭격기의 발포 아래
난 그저 작열하는 뙤약볕 아래
옥수수 밭을 달리고 있었다
왜 그러고 싶은지도 모르면서 살아남기 위해
마치 개처럼

난 굶주렸고 위통으로 괴로워했다
삶은 차라리 지옥이었다
이웃들의 감시하는 시선 아래
금방이라도 닥칠 듯한 참혹한 죽음의 위협 아래

굴욕에 대한 끊임없는 공포 아래
난 집과 도랑과 산속에 숨어 있었다
원치도 않았으나 삶을 이어 가기 위해
마치 쥐처럼

6
이름도 없는 병사
P. E. C.
스무 살
소총 한 정 없었고
확신도 없었다
너무 어렸기 때문에
아직 살아있었기 때문에

어머니를
아버지를 잃었다
형제들이 어디 있는지
누이들이 뭘 하는지 알 수 없었다
하지만 난 부상병이었다
산속 눈 오는 밤 홀로 죽어가는
벌레처럼

7

언젠가 부산 제5연대 군병원의
악취를 풍기는 병동을 서성거렸다
발코니로 나가
가 본 적 없는 머나먼 미국과 일본에서 온
화물선의 명멸하는 불빛을
바다 위 별빛이 명멸하는 하늘을 바라보려고

별은 셀 수 없었고
배는 휘황했으며
바다는 끝이 없었고
춥고 광막한 겨울밤이었다

그러나 난 미국인이 아니고
일본인도 아니다

나의 조국은 전쟁터였다

난 선원이 아니었다
난 부상병이었다
수백의 병사가 죽어가는
퀴퀴한 내가 떠도는 병동의
아픈 병사였다

이 냄새 나는 병원에서

나갈 수 있을지

가족을 다시 만날 수 있을지

혹은 내가 살아남을지조차

알 수 없었다

난 한국인이다

우리 모두 한국인이다

외국 선박으로 가득 찬 밤은 환했고

겨울밤 바다 위 하늘도 빛났지만

나의 영혼은 어둡고, 그리고 적막했다

8

M.P.들은 지프를 몰았다 갓길에서 보면

꼭 왕처럼 보였다

그런 차를 운전해볼 수만 있다면

죽어도 여한이 없을 것 같았다

G.I.들은 좋은 신발을 신고서 잡역을 했다

담배는 럭키 스트라이크나 카멜이었다

권총이며 소총을 들었고

햄에그 샌드위치를 먹었는데

따스하고 이국적인 향이 났다
허기와 무력감과 비참함에 시달릴 때
그런 샌드위치를 먹어볼 수만 있다면
죽어도 여한이 없을 것 같았다

9
다른 사람들, 그들은 모두
비정한 미국인, 러시아인, 중국인, 일본인 등등이었다
우리보다
우리 삶보다
비정한
우리의 죽음과 고통으로 부유해지는

공산주의자, 자본주의자, 정치가, 장교를 나는 증오했다
이토록 굶주린 부산항에서
탱크, 대포, 캔맥주, 담뱃갑, 초콜릿을 가득 실은
화물선에 올라탄 비정한 일본인 상인과 선원들
악취 풍기는 군병원에 누워, 이 모든 것을 증오했다
난 이 모든 것에 화가 나 있었다
침묵하는 신이여, 난 당신도 증오했다
비정하고 무능한 당신 또한 잔인하긴 마찬가지였다

10

판문점 휴전협정

38선 위로

말 없는 수백만의 시체 위로

이제 포성은 잦아들었다

여전히 갈라선 우리

서울, 영혼 없는 폐허

파편들의 도시

조용한 아침의 고도

상처 입은 영혼들의 도시

깨어진 꿈과 허기와 분노와 무기력이 쌓인

부서진 건물들 위로

차가운 겨울밤은 길었고

만월은 치명적이리만치 아름다웠다

창녀들, 무너진 건물터를 서성이는 누이들은

손님이 오기만을 기다리고 또 기다렸다

부모와 아이는 각각 저마다의 딸과 엄마를 기다렸다

쌀밥 한 그릇 대신 싸구려 술에 취해

우린 마시고 마시고 또 마셨다 절망과 분노를

우리, 그리고 형제들은

마시고 또 마셨다

내일을 그리며
손을 서로 맞잡고
우린 모두 한국인
모두 그리고 혼자서도
강했다

11
서울
한국
우린 한국인이었다
살아남았고
살아남을 것이다
우린 다시 일어날 것이다
그렇게 스스로 말해보았다

포스트모던의 풍경

강물에 떠오른 죽은 물고기의 거대한 눈
에티오피아인 거주 지역 굶주린 아이들의 거대한 눈
유탄에 맞아 죽은 시체, 드러난 위장의 거대한 눈
불모한 인쇄물의 공백에 찍힌 철학적 고뇌의 거대한 눈

부서진 빈 병들
부서진 말들
부서진 꿈
부서진 논리

기계
돈
원숭이
향기로움
내일

걸프전

텔레비전에서 수없이 보았지
바사라에서 바그다드로 향하는 고속도로
젊거나 늙은 죽은 병사들과
불에 탄 탱크, 트럭, 소총, 수류탄
대포 파편에, 기관총에 으스러진 두개골과
찢긴 배에서 튀어나온 내장과
급히 썼으나 부치지 못한 연애편지와
고향의 연인 사진이 흩뿌려져 있었어

사냥꾼의 덫에 포획된 짐승처럼 어떻게든 살아남기 위해
최신 무기에게서, 죽음에게서 도망치는 중이었지
그러나 피할 곳 없는 고속도로에서 결국 걸려들었고
폭격, 폭격, 폭격이 계속되고 또 계속되고
총격, 총격, 총격이 계속되고 또 계속되고
무력함, 절대적인 무력함, 수백의 수백의 수천 명이 모두
죽고 또 죽고 사냥당한 짐승처럼 모국의 고속도로에서 죽어갔
어

우리는 승리를 소리 높여 외쳤지
전쟁, 조국, 미합중국을 자랑스러워했고

노란 리본, 깃발이며 노래와 꽃, 헌시와 산더미 같은 연설과 메달로 영웅들을 칭송했지

그 위풍당당한 개선을 축하하면서

우리는 저 가난하고 무지하고 무력한 머나먼 나라 사람들의 고통과 비명과 죽음과 파괴와 괴로움을 마음대로 수정한 거야

폭탄과 기관총을 가진 우리

기술이며

최신 무기로

우리 적들의 적들의 적을 죽였어

인간이건 짐승이건, 우리는 인간이거나 인간의 적이야

인간의 진보

말라가는 강의 죽어가는 물고기

짐승들은 서로를 짓밟지

굶어 죽어가면서

찍찍거리고 비명을 지르고

가스를 내뿜고

독을 마시며

서서히

끝도 없이 타들어가는 사막에서

우리의 망상

우리는 우리가 위대하다고 생각해

우리는 생각하고, 선동하고, 싸우고, 열심히 일하지

우리는 빌딩과 컴퓨터와 최신식 무기를 만들어

우리는 바다와 산과 열대우림을 정복하고

우리는 강과 샘과 공기를 더럽혀

우리는 진보의 길 위에 있는 모든 것을 더럽히고 부숴

우리는 우리가 신과 흡사하다고 생각하지만

하지만 이제 우리는 알지

우리가 공룡들처럼 멸망해가고 있다는 걸

이 땅의 화산들이 불을 뿜기도 전에

화를 내고

초조해하며

죽어가고 있다는 걸

쥐

사자는 그러지 않아, 그저 쥐만이

쉴 새 없이 움직이고

항상 벌벌 떨며 주위를 살피고

계속해서 불안해하고

죽은 벌레를 놓고 투닥거리고

거슬리는 소리를 내고

위엄이라곤 털끝만큼도 없이

어둠 속으로, 나아가

침침하고 깊은 쥐구멍으로 달려간다

사자가 아닌

쥐만이 그러지

실존의 어두운 쥐구멍 속

병든 쥐만이

소말리아의 기근

텔레비전 뉴스에서는 죽어가는 아이들
신문에서는 크게 뜬 눈의 쓰러진 자들
나의 마음을 뒤흔드네
우리는 그 얼마나 무심한 것일까

우리는 모두 이기주의자, 위선자
개보다도 더 개 같은
난 가만히 떠올려보는 것이다
철학 강의에 들어온 작은 소녀의 티셔츠에 새겨진 그 말
'사람에 대해 알수록 개가 더 좋아진다'

세계철학총회에서

세계에서 제일 똑똑한 이들이다, 녀석들은
누구 하나 빠짐없이 따끈따끈한 진리를 내놓고
거창한 말과 새롭다는 개념, 첨예한 논리를 전시하며
모두가 자기 말을 들어주기를, 믿어주기를,
자신의 진리가 인쇄물이 되기를, 유명해지기를,
서로 논쟁해볼 수 있기를 갈망한다

그들은 유럽의 가장 오랜 도시, 아니
나아가 전 세계로부터 날아와서는
예술, 미, 진리, 고통, 그리고
제공되는 식사며 마실 것에 대해 떠들어 대고
짬을 내서 관광도 하고 끼리끼리 뭉치기도 하고
수다에 수다에 수다, 수다를 듣기도 하지
피곤한 노릇

시의 쓸모

인류는 굶어 죽어가고
국가는 파괴되어간다
굶주림과 분노
폭동과 죽음

나는 시를 쓴다
무엇을 위해서인지도 모른 채

낯설고
이해할 수 없을지라도
나는 쓰는 것을 멈출 수 없다
부조리,
진정한 부조리, 어쨌거나

세상 따위 뭐가 어쨌단 말인가
나와 무슨 상관이 있는가
정답은 대체 무엇인가

『부서진 말들』 한국어판 초판 서문

나는 1999년 민음사 박맹호 회장의 배려로 본인의 영시집 『Broken Words』를 출간했다. 그후 시집의 독어 역본 『ZerbrocheneWörter』이 2004년 함부르크의 Abera Verlag 출판사에서 출간되었다. 그리고 이 시집은 상기한 영시집의 한국어판이다.

이 시집에 담은 시의 대부분은 보스턴 시몬스대학에서 재직하던 중인 1970~1980년대에 집필한 것으로 대학 및 외부 모임에서 낭독했거나, 대학 문학지인 《Sideline》과 재미 한국 문인들이 발간했던 문학지인 《Korean American Literature》 등지에 발표했던 것이다. 그러나 그중에는 본인이 1990년에 한국에 돌아와 포항공대 재직 중에 쓴 것도 몇 편 포함되어 있다.

첨언하여 영시집을 원본으로 번역한 한국어판에서 논리 및 미학적 차원에서 필자와 편집자의 상의하에 작품 배열이 약간 변경되었음을 밝혀두고자 한다.

심혈을 기울여 썼던 외국어 시집이 모국어로 번역되어 나오게 됨을 기쁘게 생각한다. 작은 소원 하나가 이처럼 성취되도록 도움을 준 여러분에게 깊이 감사하는 바이다. 영시집 및 한국어판을 아울러 출간하도록 해주신 민음사 박맹호 회장을 비롯, 번역을 맡아준 이은정 박사, 그리고 작품집의 논평을 기꺼이 맡아주신 김치수 교수, 끝으로 편집과 교정에 힘써준 편집부에 한없는 감사의 말을 전한다.

2010년 1월

저자 연보

연도(나이)	생애
1930(1)	충남 아산 영인면 창용리 379 시골 농가에서 면장집 막내 아들로 태어남. 본관 함양, 본명은 박인희(朴仁熙), 아호는 중암(重菴).
1938(9)	집에서 15리 정도 떨어진 곳에 있는 영인심상소학교(靈仁尋常小學校) 입학.
1939(10)	학교에서 조선어 사용 금지.
1942(13)	5학년 봄 도에서 조직한 '성지참배단'에 뽑혀 일본을 여행하고, 새로운 문화와 환경을 접하고 많은 충격을 받음. 같은 해 겨울, 동경 유학 중 학병 모집을 피해 돌아온 형의 『문예사전』을 보고 철학적 질문을 던지기 시작함. 문학, 그림, 음악 등 예능적인 것들에 본격적인 흥미를 느낌.
1943(14)	소학교 졸업 후 중학교 입시 시험을 봤으나 낙방함.
1945(16)	다시 시험을 보고 서울의 경복 중학교에 입학하여 기숙사 생활을 함. 광복 후 고향으로 내려왔으나 이전에 면장집으로 누렸던 사회적·경제적 지위를 잃음.
1947(18)	고향의 살림을 완전히 정리하고 서울로 이사 옴. 복학함.
1948(19)	중학교 2학년, 시 「낙엽」을 학교 신문에 발표한 것을 계기로 위대한 시인이 되겠다는 꿈을 가지게 됨. 같은 해, 단편소설 「귀향」을 썼으나 곧 찢어버림.
1950(21)	6·25 전쟁 발발, 11월에 징병되어 육군 이등병이 되었으나 기초군사훈련 중 폐병 및 영양실조로 쓰러져 치료받은 후 의병제대함.
1951(22)	서울대학교 불문학과(부산에 열린 전시대학)에 입학함.
1952(23)	부산 동래고등학교에서 불어 강사를 함(1952~1953).
1953(24)	사르트르의 『존재와 무』에 담긴 그의 실존주의를 해설한 일본어 번역서를 읽고 실존주의를 접함.
1955(26)	《사상계》에 「회화를 잃은 세대」라는 작품을 발표하면서 등단. 서울대학교 불문학과를 졸업하고 같은 대학 대학원에서 불문학 석사과 정을 밟음(1955~1957). 성신여고에서 시간 강사를 함(1955~1957). 《대학신문》(문리대학보)에 다수의 글을 발표. 「현대 작가와 윤리」로 제2회 대학신문상을 수상.

1957(28)	서울대학교 대학원에서 논문 「폴 발레리에 있어서 지성과 현실과의 변증법으로서의 시」로 석사학위를 받음. 이화여자대학교에서 불어불문학 전임강사, 조교수가 됨(1957~1961). 재직 중 프랑스 정부 장학생으로 프랑스 파리 소르본대학교 대학원 불문학 석사과정을 밟음(1957~1958).
1961(32)	프랑스로 다시 유학을 떠남. 프랑스 파리 소르본대학교에서 불문학 박사과정을 밟음(1961~1964).
1963(34)	데리다가 지도하는 '연습 세미나'를 통해 그의 철학을 배움 (1963~1964).
1964(35)	프랑스 파리 소르본대학교에서 「말라르메가 말하는 '이데아'의 개념: 논리정연성에 대한 꿈(L'"Idée" chez Mallarmé ou la cohérence rêvée)」으로 불문학 박사학위를 받음.
1966(37)	데리다의 추천서로 장학금을 받고 미국 서던캘리포니아대학교에서 서양철학 박사과정을 밟음(1966~1970). 하스미 시게히코(훗날 도쿄대 총장)가 박이문의 말라르메 시 세계를 분석한 소르본대학교 박사학위 논문을 보고 '동양인도 이런 논문을 쓸 수 있구나'하고 감탄했으며, 박이문을 계속 동경하던 하스미는 1991년 결국 박이문과 만남.
1968(39)	미국 렌셀러폴리테크닉대학교 철학과 전임강사로 재직(1968~1970).
1970(41)	미국 서던캘리포니아대학교에서 「메를로 퐁티의 철학에서 나타난 '표현'이란 개념의 존재론적 해석(An Ontological Interpretation of the Concept of 'Expression' in Merleau-Ponty)」으로 철학박사학위를 받음. 미국 시몬스대학교 철학과 조교수, 부교수, 교수, 명예교수(1970~).
1980(51)	이화여자대학교, 서울대학교 철학 및 미학과 초청교수(1980~1982).
1982(53)	망막박리라는 병으로 오른쪽 눈이 '사실상 실명'함. 모친 별세. 몇 달 후 유영숙 여사와 결혼함.
1983(54)	미국 하버드대학교 교육대학원 철학연구소 선임연구원이 됨 (1983~1993).
1985(56)	독일 마인츠대학교 객원교수가 됨(1985~1986).

1989(60)	일본 국제기독교대학교 초빙교수(1989~1990).
1991(62)	포항공과대학교 철학과 교수(1991~1994).
1993(64)	미국 시몬스대학교 명예교수.
1994(65)	포항공과대학교 교양학부 교수(1994.3~2000.2).
2000(71)	포항공과대학교 정년퇴임.
2001(72)	고려대학교 대학원 초빙교수가 됨.
2002(73)	연세대학교 특별초빙교수가 됨.
2003(74)	세계생명문화포럼-경기 2003공동추진위원장이 됨.
2006(77)	제20회 인촌상 인문사회문학부문 수상함.
2007(78)	포항공과대학교 명예교수.
2010(81)	프랑스 정부 문화훈장(교육공로)을 수상.
2011(82)	경복동창회의 '자랑스러운 경복인상' 수상(2011.4).
2012(83)	인간과 자연의 조화로운 상생 · 공존을 추구하는 생태학적 세계관을 제시하는 등 현대 과학과 기술에 대한 철학적 인식을 개선한 공로로 대한화학회가 제정한 '탄소문화상' 제1회 대상을 수상.
2015(86)	『둥지의 철학』이 영국 사프론(Saffron)출판사에서 출간.
2016(87)	미다스북스에서 『박이문 인문학 전집』 출간.

출전

1부 눈에 덮인 찰스강변

『눈에 덮인 찰스강변』(1979)

2부 나비의 꿈

『나비의 꿈』(1981)

3부 보이지 않는 것의 그림자

『보이지 않는 것의 그림자』(1987)

4부 울림의 공백

『울림의 공백』(1989)

5부 아침 산책

『아침 산책』(2006)

6부 고아로 자란 코끼리의 분노

『고아로 자란 코끼리의 분노』(2010)

7부 부서진 말들

『부서진 말들』(2010)

박이문 朴異汶

본명은 박인희로 1930년 충남 아산 시골 마을의 유학자 집안에서 막내아들로 태어났다. 어린 시절 시골의 아름다운 자연의 변화를 만끽하며 부모와 조부모의 따듯한 보살핌을 받으며 자랐다. 유학 중 귀국한 형의 영향으로 위대한 시인이자 작가를 꿈꾸었고, 재수 끝에 경복중학교에 진학하였다. 청년기의 들목 전쟁의 참화 속에서 입대했으나 훈련 도중 병을 얻어 의병제대한다. 피난 시절 부산에서 서울대학교 문리과대학의 불문학과에 입학하여 본격적으로 문학에 매진한다. 대학원 석사논문을 프랑스어로 쓸 정도로 탁월한 실력을 보였으며, 석사학위를 받고 곧바로 이화여자대학교에서 전임교수로 발탁되었다. 그러나 안정된 직업인 교수의 생활을 버리고 다시 프랑스로 떠나 문학 박사학위를 받았으나, 이에 그치지 않고 미국으로 건너가 철학 박사학위를 받는 인문학을 향한 구도의 길을 걸었다. 그후 시몬스대학교, 포항공과대학교, 이화여자대학교, 서울대학교를 비롯해 세계 각지에서 학생들을 가르쳤으며, 많은 글들을 발표하고, 예술과 과학과 동양사상 등으로 끊임없이 새로운 영역을 개척하는 선구자적인 인문학자로 살았다. 또 한편으로 시를 쓰는 창작도 일생 동안 지속하여 어린 시절의 꿈대로 시인이자 작가이며 철학자인 인문학자로서 아름답고 위대한 '사유의 둥지'를 완성하였다.

박이문인문학전집 IO

울림의 공백 — 가혹한 생에서 피어난 청정한 시

초판 1쇄 2016년 2월 26일
지은이 박이문
펴낸이 류종렬

박이문 인문학 전집 간행위원회

전집간행위원 김병익, 정대현, 강학순, 이승종
기획편집본부 장인용, 김슬기, 김동훈, 남다희, 주성엽, 서승현, 이범수, 이영호, 윤석우,
　　　　　　 변영은, 권기우, 강서윤, 김예신, 류수정, 박근희, 이소정, 임소연 외
표지디자인 및 아트디렉팅 씨디자인 조혁준, 함지은, 조정은, 김하얀

펴낸곳 미다스북스
등록 2001년 3월 21일 제313-201-40호
주소 서울시 마포구 서교동 486 서교푸르지오 101동 209호
전화 02)322-7802~3
팩스 02)333-7804
블로그 http://blog.naver.com/midasbooks
트위터 http://twitter.com/@midas_books
이메일 midasbooks@hanmail.net

ⓒ 박이문, 미다스북스 2016, *Printed in Korea*

ISBN 978-89-6637-439-7 (04100)
　　　　 978-89-6637-429-8 (04100) 세트

값 35,000원

이 도서의 국립중앙도서관 출판예정도서목록(CIP)은 서지정보유통지원시스템 홈페이지(http://seoji.nl.go.kr)와 국가자료공동목록시스템(http://www.nl.go.kr/kolisnet)에서 이용하실 수 있습니다. (CIP제어번호: CIP2016003573)